L'ENFANT DE LA PITIÉ,

DRAME-VAUDEVILLE EN TROIS ACTES,

PAR MM. ALBOIZE ET ROLAND BAUCHERY,

Représenté pour la première fois, à Paris, sur le théâtre de la Porte-Saint-Antoine,
le 25 février 1840.

DISTRIBUTION :

NARCISSE, apprenti fondeur (enfant de la Pitié)....................	M. Léon.	Un DOMESTIQUE nègre................	M. Jeoane.
COCO LABOULE (idem).............	M. Adolphe.	BARDOU, ouvrier fondeur.............	M. Edouard.
Le Capitaine VALBRUNE..............	M. Charles.	LA COMTESSE....................	Mᵐᵉˢ Dupuis.
MATHIEU, contre-maître.............	M. Savigny.	AMANDA, sa fille....................	Bonneval.
ROBLOT, maître fondeur.............	M. Treveys.	CATHERINE, couturière (enfant de la Pitié)......................	Descoste.
ARTHUR DE CERNY....................	M. Daliger.	Ouvriers fondeurs.	
Un OFFICIER de marine..............	M. Bastien.	Apprentis.	

La scène est à Marseille.

ACTE I.

Le théâtre représente l'intérieur d'une fonderie de cuivre. A droite et à gauche, les caisses des ouvriers mouleurs ; au fond, la cheminée et le fourneau de fonderie. Porte à droite, au fond ; fenêtre à gauche ; portes latérales.

SCÈNE I.

ROBLOT, MATHIEU, NARCISSE, COCO LABOULE, BARDOU, OUVRIERS MOULEURS *.

(Au lever du rideau, les ouvriers mouleurs sont à leurs caisses, Narcisse est parmi eux ; Coco Laboule tire le soufflet ; Roblot est à son fourneau, et Mathieu va d'une place à l'autre pour surveiller le travail de chacun.)

CHŒUR, au bruit des maillets à battre le sable.

Air des Poletais.

Gais mouleurs, frappons,
        Et chantons ;
        Les chansons
Donnent du courage,
Du cœur à l'ouvrage...
Gais mouleurs, chantons ;
        Car nos sons,
        Nos chansons,
Rendent le bras sûr,
Le travail moins dur.

NARCISSE.

A quoi servirait de se morfondre,
Entre le travail et le chagrin,

CHŒUR, au bruit des maillets.

Tin, tin, tin, tin, tin, tin !

NARCISSE.

Ne vaut-il pas mieux ici faire fondre
L'ennui dans un brûlant refrain...

* Narcisse, Ouvriers, Coco, Roblot, Mathieu, Ouvriers.

L'ennui, c'est plus que la misère,
C'est le choléra pour nous tous !
Fondeurs, nous savons comment faire
Pour l'empêcher d'fondre sur nous...

CHŒUR.

Gais mouleurs, frappons, etc.

NARCISSE.

Nous fondons en bronze des grands hommes ;
Ils sont morts, nous sommes vivans...

CHŒUR, au bruit des maillets.

Plan, ran, ran, plan, plan, plan !

NARCISSE.

Restons petits comme nous sommes...
Les petits vivent plus long-temps !
D'immortels notre terre abonde,
Ils sont soumis au mêm' décret !
Or, après nous, la fin du monde !
Tous vont dans le même creuset !...

CHŒUR.

Gais mouleurs, frappons, etc.

COCO, reprenant le refrain à lui tout seul.

Gai souffleur, soufflons,
        Ça fait brûler l'charbon...
L'charbon en flambant
Fait fondre le cuivre...

ROBLOT, l'interrompant,
Veux-tu bien te taire, diable de braillard...
et souffler plus régulièrement que ça !

COCO.

Tiens, j'improvise un refrain pour quand je serai président de la société chantante, comme M. Bardou.

ROBLOT.

C'est bon... tais-toi, et souffle.

COCO.

Sufficit, patron.

MATHIEU.

Travaille donc, Narcisse... Fainéant, va!

NARCISSE.

Ce n'est pas ma faute, il m'est entré une poignée de sable dans les yeux.

MATHIEU.

Ça ne lui arrivera pas quand il dort... c'est toujours durant le travail.

BARDOU.

En v'là une drôle... est-ce qu'il peut vous entre rquelque chose dans les yeux, quand vous dormiez, M. Mathieu?

COCO.

En ce cas, vous devriez bien y cacher votre bosse!

(Tout le monde se met à rire.)

MATHIEU.

M. Roblot, ça ne peut pas durer comme ça! je suis bafoué, persiflé même par vos apprentis... si vous n'y mettez bon ordre, je me porterai à des extrémités...

ROBLOT.

Messieurs, je vous ordonne plus de respect pour mon contre-maître... Si les premiers ouvriers donnent l'exemple, comment voulez-vous que des apprentis ne le suivent pas!..

BARDOU.

C'est qu'on ne peut pas voir à chaque instant des injustices sans lancer son grain de sel... Il n'en a qu'à Narcisse!

TOUS.

C'est vrai!

NARCISSE.

Toute la journée il est après moi... je ne sais pas ce que je lui ai fait.

ROBLOT.

Veux-tu te taire, raisonneur?..

(La cloche sonne; tous les ouvriers quittent le travail. On leur apporte leur déjeuner dans un panier : ils se le distribuent.)

CHOEUR.

Air : Chacun son agrément.

Allons déjeuner lestement;
L'heure passe vite
Et nous invite,
A bien profiter du moment
Que nous donne le réglement.

COCO.

Je suis le premier.
Jamais l'dernier,
Quand y faut qu'j'aille
A la mangeaille.
Mais, franchement, c'qui n'me va pas,
C'est d'travailler entre mes r'pas!

CHOEUR.

Allons déjeuner, etc.

Les ouvriers se dispersent et sortent. Coco et Narcisse restent seuls.

SCÈNE II.

NARCISSE, COCO LABOULE.

COCO, avec un gros morceau de pain et de fromage.

Dis donc, Narcisse, v'là de fameux fromage; si j'étais mon maître, j'en mangerais un quarteron tous les matins... T'as pas l'air d'en être fou, toi!

NARCISSE.

Merci, j'ai pas faim... il y a trop long-temps que j'en mange... cré coquin! quand est-ce donc que ça finira!

COCO.

Encore six mois, et nous serons ouvriers... Une fois notre maître, enfoncés les inspecteurs de la grande maison... et le maître fondeur et le contre-maître, avec qui nous sommes amis comme chiens et chats... V'là du soigné fromage tout d'même!

NARCISSE.

Encore six mois pour faire juste huit ans d'esclavage!.. Tiens, Coco... j'ai peur d'ici là de faire des bêtises... si le bossu, comme ça lui est arrivé hier, m'appelle encore enfant de la Pitié, je lui casse les reins!..

COCO.

Ça ferait de la belle ouvrage!.. Tant que tu n'auras pas fini ton temps, tu as en perspective le pain noir, les étrivières et le cachot de la grande maison, où c'que M. Roblot nous a été chercher...

NARCISSE.

J'veux pas qui m'appelle enfant de je ne sais quoi... de la Pitié... ou de toute autre étiquette insultante...

COCO.

Oh! qu't'es drôle, mon ami Narcisse, qu't'es donc drôle!.. qu'est-ce que ça te fait?.. ça te retire-t-il un œil de la tête... enfant de la Pitié!.. Eh ben, oui, t'en es un... ou plutôt un enfant trouvé... porté à la grande maison comme moi, à preuve que nous y sommes entrés le même jour... et que c'est de là que date notre connaissance... il y a long-temps... je ne m'en souviens pas... ni toi non plus... mais on nous l'a dit... Eh ben! je m'en moque pas mal, moi!.. je n'ai pas de père... c'est moins embarrassant qu'd'en avoir une collection... je ne me dérangerais pas de là à ici... pour papa... Il n'a pas voulu de moi... je suis aussi fier que lui... père inconnu! fils idem... voilà la chose!..

NARCISSE.

Ecoute, Coco Laboule, tu es un bon enfant, un bon camarade... mais tu ne peux pas me comprendre... tu vis comme une marmotte... tu bois, tu manges, tu marches, tu dors et voilà tout... moi, c'est tout autre chose...

COCO.

Toi, tu ne dors pas, tu ne manges pas, tu te rebiffes à tort à travers, contre les bourrades du patron, et la grippe du chef d'atelier... t'as des idées d'enfant de bonne famille... tu rêves à un père, à une mère... comme si t'avais le moyen.

NARCISSE.

C'est la vérité!

A mon pèr' chaque jour je rêve !
Un pèr' ! rien n'me sembl' si beau qu'ça !
Tu n'y penses pas ; moi je sens là
Qu'ce désir n'me laiss'ra pas d'trève...

COCO, *l'interrompant.*

Oui, surtout si tu trouves un père comme celui de Nicolas... qui ira boire toutes tes journées... et jouer le reste...

NARCISSE, *suite de l'air.*

Quand mêm' qu'il m'boirait tout mon gain,
Qu'il m'battrait pour tout bénéfice,
Pour contenter son moindre caprice
Je ram'rais comme un galérien !..

COCO.

Eh bien, c'est bien... je commence à concevoir que ces actions-là méritent la croix d'honneur... C'est comme mamzelle Catherine... c'est à tirer les larmes des yeux une conduite comme ça... Foi de Coco Laboule, j'suis un bon enfant, mais je n'aurais pas ce tempérament-là...

NARCISSE.

Mlle Catherine... oh ! c'est un ange !.. car enfin, la bonne femme qu'elle soutient par son travail, n'est pas sa mère... ce n'est qu'sa maîtresse d'apprentissage, qui, à la vérité, a été si bonne pour elle, qu'c'était comme la mère et la fille... Aussi, depuis que sa bourgeoise est devenue tout à coup presque aveugle des deux yeux... Catherine passe les jours et les nuits à travailler pour toutes deux... tantôt ici... tantôt ailleurs...

COCO, *malicieusement, et lui frappant sur l'épaule.*

Pas assez souvent ici et trop souvent ailleurs... la v'là la cause de la grippe du bossu contre toi. Un apprenti, tu t'inventes d'être amoureux de la petite couturière de la maison, sur laquelle le chef d'atelier a jeté ses vues...

NARCISSE, *en réfléchissant.*

Je ne me le suis pas inventé... c'est venu parce que ça avait à venir... Pauvre petite fille de la Pitié, envoyée comme nous dans les montagnes, pour y faire sa première éducation... Nous nous sommes rencontrés en faisant paître nos bestiaux... et dam !.. en nous retrouvant à Marseille... où nous sommes... tu comprends bien...

COCO.

Oui ! oui !.. oh ! c'est nature... quand on a gardé les bêtes ensemble, il s'ensuit des familiarités... mais ça déplaît au particulier appelé Mathieu, qui n'a gardé aucune espèce d'animal avec Catherine... aussi l'a-t-elle tout bonnement envoyé paître..., lui, sa bosse, ses écus et ses amours...

NARCISSE.

Et penser qu'il la poursuit toujours !.. et qu'il a mis le patron dans ses intérêts !..

COCO.

Le patron !.. je crois bien... le patron fera tout ce que voudra ce damné Mathieu... Vois, comme il nous punit à tort et à travers... au moindre rapport de ce gredin-là !

NARCISSE.

Mais enfin d'où cela vient-il ? car au fond, il est bon et juste, M. Roblot.

COCO.

Ça vient de ce que M. Roblot doit 25,000 francs au bossu... que l'époque de les rendre est arrivée... que le patron n'a pas le sou... et que la peur d'être mis à la porte de chez lui, le force à envelopper Mathieu dans un tas de ménagemens, analogues à la circonstance.

NARCISSE.

Mais comment as-tu appris ?

COCO.

Je n'ai pas des grandes oreilles pour rien... car pour peu que j'écoute aux portes, j'entends assez bien ce qui s'y dit par derrière ! mais... motus... ou je te renie !

NARCISSE.

Vingt-cinq mille francs !..

COCO, *regardant dans la coulisse.*

Silence ! v'là quelqu'un... c'est mamzelle Catherine.

NARCISSE, *lui faisant signe de sortir.*

Oh !.. Coco... fais-moi le plaisir... hum... dis ?..

COCO.

D'aller voir là-bas si tu y es ?.. Ce que c'est que les amoureux.... c'est convenu... est-ce que je ne le fais pas tous les jours ?.. Je m'en vas... je veillerai et je te donnerai le signal convenu.

NARCISSE.

Elle vient... va-t'en...

COCO.

On s'en va. (Il fait quelques pas, puis revient.) Dis donc, si tu ne manges pas ton fromage, veux-tu que je t'en débarrasse ?

NARCISSE, *lui donnant tout.*

Tiens, prends... mais va-t'en.

COCO.

Tout de suite... merci... sois tranquille...

(Il sort.)

SCÈNE III.

CATHERINE, NARCISSE.

NARCISSE, *la regardant, à part.*

Comme elle est blanche et rose !.. il me semble que je noircis et que j'enlaidis encore plus quand elle m'approche. (Haut.) Est-ce M. Roblot ou M. Mathieu que vous cherchez mamzelle Catherine ?

CATHERINE, *en souriant, avec mystère.*

Ni l'un ni l'autre... M. Narcisse.

NARCISSE.

Est-ce que par hasard vous seriez venu tout exprès... (A part.) Je ne sais plus ce que je dis.

CATHERINE, *timidement et avec inquiétude.*

C'est que j'ai quelque chose à vous dire.

NARCISSE.

A moi !.. oh ! parlez... il n'y a personne; d'ailleurs, Coco est là... et de peur qu'on ne passe par ici... je connais son cri d'alarme...

CATHERINE, *sortant de sa poche une cravate.*

Vous m'avez chargée d'une commission... je l'ai faite. Avec l'argent que vous m'avez donné, je vous ai acheté cette cravate... et je l'ai ourlée et marquée...

NARCISSE, la dépliant.

Ah! qu'elle est magnifique!.. Comment, c'est avec les 2 francs 25 centimes que j'ai amassés... sou à sou... et que je vous avais confiés, que vous avez pu m'acheter ça?.. Ah! c'est pas possible!.. la soie est donc pour rien?.. ce n'est pas de l'hasard!.. elle est toute flambante neuve. *(Regardant la marque.)* Vous y avez mis une N!.. c'est ça... Narcisse!.. Tiens, qu'est-ce donc que cette petite lettre là?.. un C!.. j'n'ai pourtant pas d'autre nom... malheureusement!..

CATHERINE, troublée.

C'est que... en m'amusant... j'y ai mis la première lettre du mien!.. mais vous l'effacerez... si vous le jugez à propos...

NARCISSE.

L'effacer... *(Regardant la cravate.)* Effacer ce petit C là!.. Oh! mamzelle Catherine... il vivra long-temps... autant que la cravate... car je ne la porterai pas... de peur de l'user trop vite.

Air d'Olivier Basselin.

De c'te parure délicate,
Mon cou noir se passera,
Cett' précieuse cravate
Sur mon cœur demeurera...
Ailleurs je ne puis la mettre
Sans commettr' un' grave erreur...
(Montrant la cravate.)
Car v'là la première lettre
Du nom gravé dans mon cœur!

ENSEMBLE.

NARCISSE.

Ah! moment plein d'appas,
J'en deviendrai bête d'ivresse!
Et j'tomberais en faiblesse,
Si le temps ne me manquait pas.

CATHERINE.

Ah! moment plein d'appas!
Je suis cause d'son ivresse...
Loin d'blâmer ma faiblesse
J'm'en félicite tout bas.

CATHERINE.

Au contraire, j'veux que vous la mettiez tous les dimanches... quand vous viendrez voir comment va Mme Denizart.

NARCISSE.

Ah! tous les dimanches?.. j'irai savoir des nouvelles de votre mère adoptive? et vous y serez?..

CATHERINE.

Il faudra bien que je lui donne une journée entière par semaine... car, vous ne savez pas, à dater de demain, je ne viens plus travailler ici.

NARCISSE.

Qu'est-ce que vous me dites là, mamzelle?

CATHERINE.

Ecoutez-moi, M. Narcisse... Ma mère d'adoption devient tous les jours plus malade... Elle exige plus de soins et plus de dépenses... Vous savez bien cette grande dame, dont la fille m'avait prise en amitié.

NARCISSE.

Oh! oui... chez laquelle vous avez travaillé tout l'hiver dernier!..

CATHERINE.

Précisément... elle est de retour de la campagne, et elle m'a fait demander... elle occupe une ouvrière presque toute l'année... et me paie plus cher... de sorte que... vu la circonstance...

NARCISSE.

Oui, vous avez raison, mamzelle... et si le sort m'avait donné une bonne femme comme ça... j'agirais de même... et pourtant je ne vous verrai presque plus...

CATHERINE.

Tous les dimanches.

NARCISSE.

Tous les dimanches... vous croyez que c'est assez, vous? vous croyez que je pourrai passer six jours de la semaine à travailler loin de vous... moi qui n'ai d'autre rêve, d'autre ambition que de vous voir chaque jour, à chaque heure, à chaque minute...

CATHERINE.

M. Narcisse...

NARCISSE.

Ah! tenez, mamzelle, tant pis... il y a longtemps que vous le savez... mais c'est égal... je vous le dis tout de même... je vous aime!.. je vous aime, voyez-vous, que ça fait trembler!

CATHERINE.

Ah! monsieur...

NARCISSE.

Mais je vous aime pour le bon motif... je vous aime pour que vous soyez ma femme... si toutefois vous voulez pour mari d'un enfant qui n'a ni père... ni mère.

CATHERINE.

Et moi, ne suis-je pas orpheline aussi?.. ne suis-je pas comme vous un enfant de la Pitié!

NARCISSE.

Oh! je le savais bien que vous ne me repousseriez pas... dans six mois, mamzelle, mon temps d'apprentissage sera fini... dans six mois je serai ouvrier, je gagnerai ma journée et je vous offrirai d'en partager le prix avec moi... oh! oui, quoi qu'il arrive, mamzelle, je jure de vous épouser, si vous voulez de moi!

Air : Embarquez-vous.

Acceptez-moi, je vous en prie,
J'aimerai jusqu'au dernier jour!
Comme vous, jeté dans la vie,
Je n'ai point d'or, point de nom, mon amie!
Mais j'ai beaucoup, beaucoup d'amour.

Abandonnés sur cette terre,
Que tout pour nous soit de moitié;
Le ciel nous bénira, j'espère.
Ici bas, Dieu seul est un père
Pour les enfans de la Pitié.

ENSEMBLE.

Abandonnés sur cette terre, etc.

CATHERINE.

Même air.

Oui, sur nous et sur notre vie,
Le même sort pèse en ce jour.
Je cède au malheur qui nous lie.

Rapprochons-nous pour marcher dans la vie ,
Et le fardeau sera moins lourd.

ENSEMBLE.

Abandonnés sur cette terre , etc.

NARCISSE.

Ah ! mamzelle, que je suis heureux !
(Il lui prend la main et la baise, on entend le cri de
coco : Ah ! aie ! houp !)

CATHERINE, retirant sa main.

On vient !..

NARCISSE.

Oui, c'est le signal... Que c'est bête de le
donner dans un momment comme celui-ci. (Après
avoir regardé.) Et c'est ce vilain bossu de Mathieu,
encore ; il vient avec le patron.

CATHERINE.

M. Mathieu ?

NARCISSE.

C'est pour vous, je gage...

CATHERINE.

Et quand cela serait ?.. qu'avez-vous à crain-
dre... au contraire, j'aime mieux ça ; de cette
manière je m'expliquerai une bonne foi, et tout
sera fini.

NARCISSE.

Vous avez raison... flanquez-y son congé... et
aimez-moi toujours, au moins...

CATHERINE.

Silence , on vient.

SCÈNE IV.

Les Mêmes, ROBLOT, MATHIEU.

MATHIEU , à Roblot.

Toujours ensemble !..

NARCISSE, chantant.

Jeune fille aux yeux noirs.

MATHIEU.

Que fais-tu là ?

NARCISSE.

Je chante... je me promène... je...

MATHIEU.

Va-t'en dans la cour.

NARCISSE.

Ah ! il est défendu de venir dans l'atelier, à
présent.

MATHIEU.

Laisse-nous, te dis-je. (A Catherine qui s'en va.)
Oh ! vous , restez, mamzelle Catherine ; M. Roblot a quelque chose à vous dire.

NARCISSE , à part.

Le patron ?.. Oh ! je saurai ce que c'est.

MATHIEU , à Narcisse.

T'en iras-tu ?

NARCISSE.

On s'en va... mais il faut le temps de mettre
une jambe devant l'autre. (A part, en s'en allant.)
Je vas tout écouter.

SCÈNE V.

MATHIEU, ROBLOT, CATHERINE.

ROBLOT, à part, à Mathieu.

Vous le voulez... allons , je vais lui parler.

(Haut.) Mademoiselle Catherine... (A part.) Je
ne sais comment lui tourner ça. (Haut.) Mademoiselle Catherine, je connais un fort honnête
homme qui est très amoureux de vous.

CATHERINE , à part.

C'est cela... ne nous fâchons pas. (Haut.) Et
cet homme, quel est-il ?

MATHIEU.

Vous le connaissez bien, charmante Catherine.

CATHERINE.

Moi ?.. vous m'étonnez... Est-il jeune ?

ROBLOT, regardant à la dérobée Mathieu qui ne sait
quelle contenance tenir.

Oh ! oh !..

CATHERINE , malicieusement.

Est-il beau ?.. est-il bien fait ?

ROBLOT, de même.

Oh ! oh !.. c'est selon les goûts. (Mathieu lui
fait des signes.) Il est entre deux âges... il n'est
ni beau, ni laid , ni bien, ni mal fait.

CATHERINE.

Tiens ! tiens !.. comme ça, il est à peu près
aussi âgé que M. Mathieu.

ROBLOT.

Absolument !..

CATHERINE.

Il n'est pas plus gentil ?

ROBLOT.

C'est positivement ça.

CATHERINE.

Est-ce qu'il est bossu aussi comme M. Mathieu ?

ROBLOT, éclatant de rire.

Ah mais ! c'est que c'est ça tout-à-fait...

MATHIEU , à part.

Maudit soit le gros imbécille !

ROBLOT.

Pour racheter ses nombreuses imperfections,
je vous dirai qu'il est actionnaire dans un bon
établissement de Marseille, pour une somme
considérable ; votre avenir se trouverait assuré
par ce mariage.

CATHERINE.

Tenez, vous le croirez difficilement peut-être,
mais, aurait-il son pesant d'or... un homme que
je ne pourrais aimer ne sera jamais mon mari.
(Ces derniers mots ont été dit en regardant Mathieu.)

Air : Et plus d'un maréchal de France.

En ce moment, pauvre orpheline ,
Je dois vous parler sans détour :
Un père aurait, je l'imagine,
Ce que Dieu m'a donné d'amour,
Tout ce qu'en mon cœur j'ai d'amour.
J'aurais aimé de même un frère ;
Vous ne pouvez donc me blâmer
De vouloir trouver, sur la terre,
Un homme que je puisse aimer.*

MATHIEU.

Mais c'est parce que vous ne voulez pas le reconnaître ; car il est tout trouvé cet être que
vous cherchez... Catherine, cet homme qui doit
faire votre bonheur, il est ici, tout près de

* Roblot. Catherine. Mathieu.

vous... vous n'avez absolument qu'à mettre la main dessus.

CATHERINE.

Vraiment!

MATHIEU.

Faites donc l'ignorante, petite coquette... quand mes regards, mes soupirs... mes demi-mots vous l'ont dit depuis plus de six mois.

CATHERINE, malicieusement.

Des demi-mots ne suffisent pas pour comprendre les intentions d'un homme.

MATHIEU, transporté d'espérance.

Oh! mes intentions sont on ne peut plus légitimes, et mon amour, tout bouillant qu'il soit, est chaste et pur comme l'air qu'on respire à Château-vert.

MATHIEU.

Air : Si tu voulai-ma Giselle. (LA JACQUERIE.)

Si je suis laid, Catherine,
Fille céleste et divine,
N'es-tu pas belle pour deux?
Aime-moi, tu verras comme
Je vais devenir bel homme,
Élégant et vaporeux;
J'aurai moustache, barbiche,
Dans le paltot le plus riche,
Je paraîtrai fait au tour;
Puis, le jour de la noce,
Je prouverai que ma bosse
Est la bosse de l'amour.

CATHERINE.

Douce promesse,
Tant de richesse
C'est très flatteur,
Mais, en honneur,
Ah! c'est pour moi trop de bonheur.

MATHIEU.

Même air.

Toujours belle de parure,
Soit à pied, soit en voiture,
Tu voleras au plaisir.
Au logis, reine et maîtresse,
A ta voix enchanteresse,
J' promets d' toujours obéir.
Dehors, en mari modèle,
L'enfant, le schal et l'ombrelle,
Je prendrai tout sur mes bras;
Sans humeur et sans murmure,
On me verra, je le jure,
Porter tout c' que tu voudras.

CATHERINE.

Douce promesse,
Reine et maîtresse!
C'est très flatteur.
Mais, en honneur,
Ah! c'est pour moi trop de bonheur.

MATHIEU.

C'en est trop; et l'on connaît de reste les motifs de votre refus.

ROBLOT.

Prenez garde, mon enfant; Mathieu n'est pas un parti à dédaigner tout-à-fait, et 25,000 francs ne se trouvent pas tous les jours.

CATHERINE.

M. Roblot, je vous ai dit que je n'épouserais que l'homme que j'aimerais, et je n'aime pas M. Mathieu.

MATHIEU.

Oh! nous savons qui vous aimez... un bâtard, un enfant trouvé...

CATHERINE.

Comme moi, monsieur...

MATHIEU.

Beau mariage que vous ferez là, si vous le faites jamais.

CATHERINE.

Du moins, nous serons égaux en fortune et en naissance, et nous ne nous reprocherons rien.

MATHIEU.

Mais ce mariage, vous ne le ferez pas, c'est moi qui vous le dis; devrais-je y manger mes 25,000 francs; prenez-y garde, je saurai empêcher...

CATHERINE.

Vous ne m'empêcherez pas de l'aimer et de vous détester, puisque vous voulez le savoir.

SCÈNE VI.

LES MÊMES, NARCISSE.

NARCISSE, entrant.

Bravo!

ROBLOT.

Qui t'a permis d'entrer ici?..

MATHIEU.

Mauvais sujet! que viens-tu faire?..

NARCISSE.

Vous prévenir qu'il y a là un monsieur qui demande à vous parler, à vous seul.

MATHIEU.

A moi seul?

CATHERINE.

Je m'en vais, monsieur Roblot.

ROBLOT.

Je vous suis; je n'ai pas fini de vous parler, moi.

MATHIEU.

Mais, mademoiselle...

CATHERINE.

Adieu, monsieur Narcisse.

NARCISSE.

Bonjour, bonjour, mamzelle, au revoir.* (A part.) A-t-il l'air vexé!

(Il la regarde aller. Elle sort avec Roblot.)

MATHIEU.

Qu'est-ce que tu fais là?

NARCISSE.

J'attends la réponse pour le particulier qui vous demande.

MATHIEU.

C'est un prétexte pour être sur mes talons, pour épier mes démarches. Tu me le paieras cher... (Il veut le prendre par l'oreille.)

NARCISSE, le repoussant.

Allons, ne touchez pas, ou je... Ah ça! parce que j'ai encore six mois à faire, vous vous ima-

* Narcisse, Mathieu.

...inez donc que vous pouvez me traiter comme un gamin ? Si l'on fesait des contrats de douze ans, vous voudriez donc tirer les oreilles d'un homme de vingt-cinq ? N' vous y frottez pas, monsieur Mathieu... j'ai bientôt vingt ans et je suis trois fois plus homme que vous ! Un bon averti en vaut deux. Je veux bien, pour ménager votre amour-propre, vous donner en tête-à-tête ce conseil qui peut vous épargner un affront en public... Ainsi soit-il. Prenez garde à vos paroles et à vos gestes devant les camarades, ou foi de Narcisse... ça ira mal !

MATHIEU.

Il ose me menacer !

NARCISSE.

J'oserai plus que ça... Silence ! voilà celui qui vous demande ; il vient au-devant de vous... Je vous laisse... Songez à ce que je vous ai dit.   (Il sort.)

SCÈNE VII.
MATHIEU, LE CAPITAINE.

MATHIEU, sans voir le Capitaine.

Oui, oui, j'y songerai... Maudit bâtard, rira bien qui rira le dernier.

LE CAPITAINE.

Jean-Mathieu Lebreton ?

MATHIEU.

C'est moi.

LE CAPITAINE.

Il y a vingt ans, employé à la fonderie de Brest ?

MATHIEU.

C'est bien moi !

LE CAPITAINE.

Mais, si j'ai bonne mémoire, vous n'étiez pas bossu alors.

MATHIEU.

Je ne le suis pas... je suis estropié... Un malheur qui m'est arrivé il y a quinze ans ; une chute de trente pieds de haut.

LE CAPITAINE.

Et moi qui depuis si long-temps cours après lui sans connaître son nouveau signalement... mais je vous retrouve enfin...

(Il va fermer les portes de l'atelier.*)

MATHIEU.

Qu'est-ce qu'il fait donc, ce monsieur ?..

LE CAPITAINE.

Me reconnaissez-vous ?

MATHIEU.

Non, pour le quart-d'heure... (A part.) Qu'est-ce que tout cela veut dire ?

LE CAPITAINE.

Vous ne m'avez vu qu'une fois, il est vrai, mais c'était dans une circonstance que vous n'auriez pas dû oublier.

MATHIEU.

C'est possible, mais je me le rappelle pas.

LE CAPITAINE.

Eh bien ! je vais vous le remettre en mémoire : Il y a vingt ans, vous étiez un pauvre ouvrier, employé dans la fonderie de Brest, et

* Le Capitaine, Mathieu

dont le travail suffisait à peine pour vous nourrir vous et votre femme. Votre femme accoucha d'un enfant qui ne vécut à que quelques jours et qui fut aussitôt remplacé par un nourrisson. Un soir, une étrangère, portant un enfant nouveau né, et accompagné d'un officier de marine, vint dans votre maison et offrit à votre femme une bourse bien garnie pour qu'elle donnât les premiers soins à la pauvre petite créature, fruit d'une faute, que des raisons majeures ordonnaient de cacher aux yeux d'une famille noble et puissante. Vous acceptâtes l'or et la responsabilité d'un semblable dépôt...

MATHIEU, à part.

Ah ! mon Dieu ! que vient-il me dire ?

LE CAPITAINE.

Pendant un an, une femme vint chaque soir embrasser son enfant et l'inonder de ses larmes, puis, tout-à-coup, elle cessa ses visites mystérieuses, car elle avait cessé de vivre.

MATHIEU, dans le plus grand trouble.

Oui... en effet... je crois me rappeler confusément.

LE CAPITAINE.

Confusément, dites-vous ?.. Voici de quoi secourir votre mémoire. Cet écrit contient la promesse de nourrir et d'élever l'enfant que vous avez reçu de mes mains, moyennant l'or qui vous fut remis... Tenez, reconnaissez-vous votre écriture ?

MATHIEU.

Je crois que c'est bien là ma signature... (A part.) Comment me tirer de là.

LE CAPITAINE.

Un an après la mort de la mère, j'étais à Brest ; vous en étiez parti.

MATHIEU.

Un voyage indispensable...

LE CAPITAINE.

On avait perdu vos traces ; et moi, forcé de repartir pour aller combattre, je ne pus pas les découvrir. Après quatre ans passés aux Indes, cinq ans dans les prisons d'Angleterre ; après cent lettres restées sans réponse, neuf années de recherches les plus actives dans tous les coins de la France, je vous retrouve enfin à Marseille... car c'est moi qui suis cet officier de marine, vous m'avez reconnu ; cet enfant, c'est le mien ; parlez, où est-il ? que fait-il ? mais parlez, parlez vite, car je suis aussi impatient de vous récompenser, si vous avez fait votre devoir, que je le serai de vous punir si vous avez manqué à ce que l'humanité a de plus sacré.

MATHIEU, à part, s'appuyant sur une table.

Je n'en puis plus... je n'entends rien... j'ai des milliers de chandelles devant les yeux.

LE CAPITAINE.

Parleras-tu enfin ?..

MATHIEU.

Voilà... je... ma femme est morte... et...

LE CAPITAINE.

C'est un malheur !..

MATHIEU.

Des spéculations... des entreprises hasardeuses m'ont réduit à la misère en moins d'un an.

LE CAPITAINE.

Si tu n'as perdu que mon argent, je te pardonne... c'est de mon enfant qu'il s'agit.

MATHIEU.

Obligé de me sauver à Marseille... d'un bout de la France à l'autre... sans pain... sans asile...

LE CAPITAINE, d'un voix menaçante.

Qu'en as-tu fait ?..

MATHIEU, effrayé.

J'en ai eu bien soin... je l'ai bien élevé... mais... un jour... il avait neuf ans... il est parti... et je ne l'ai plus revu...

LE CAPITAINE.

Parti... à neuf ans... ah ! c'est impossible... mensonge !.. un enfant de neuf ans.

MATHIEU.

Peut-être qu'il en avait douze ou quinze !..

LE CAPITAINE.

Tu te contredis... ah ! misérable !.. la vérité, ou sinon...

MATHIEU, regardant la porte, à part.

Pas moyen de fuir !

LE CAPITAINE.

Écoute, l'effroi t'empêche de dire la vérité... tu as peur de moi... Eh bien ! parle sans crainte, sans frayeur... tu vois, je suis tranquille, résigné. (D'une voix suppliante.) Mais pour Dieu, dis-moi la vérité.

MATHIEU, tremblant.

Ah ! vous me jurez de... de vous contenir... de respecter ma personne.

LE CAPITAINE, d'une voix forte.

Oui, mille fois oui ; mais explique-toi, parle...

MATHIEU.

Eh bien ! sans pain, comme je vous l'ai dit, avec cet enfant sur les bras... sa mère morte, vous, dont j'ignorais le nom pour vous le rendre... j'ai cru pouvoir me débarrasser de cet enfant... et n'osant y aller moi-même... un de mes amis l'a porté... aux Enfans trouvés...

LE CAPITAINE.

Aux Enfans trouvés ! quel âge avait-il ?

MATHIEU.

Pas encore deux ans.

LE CAPITAINE.

Et quels noms lui as-tu donnés ; à quelle famille as-tu dit qu'il appartenait ?

MATHIEU.

Mais là, on n'est pas forcé de donner ces renseignemens...

LE CAPITAINE.

Il est donc perdu pour moi... oh ! il faut que tu me le retrouves, ou bien...

MATHIEU.

Vous m'avez juré...

LE CAPITAINE.

Perdu... sans nom... sans indice...

MATHIEU.

Pas d'indice, dites-vous ?.. mais où avais-je la tête.

LE CAPITAINE.

Tu pourrais m'en donner ?..

MATHIEU.

Ce procès-verbal de dépôt qu'on m'a remis... attendez... il doit être là... dans mes papiers.

(Il fait un mouvement comme pour sortir.)

LE CAPITAINE. *

Ne cherche pas à m'échapper... car ce serait fait de toi !

Air : Tiens, prends ma carabine.

Songe qu'à ma vengeance, tu n'échapperais pas,
Tiens-toi pour mort d'avance,
Si tu fuyais... si tu fuis d'un seul pas.

(Pendant que Mathieu cherche le papier dans un carton.)

Ah ! mon Dieu ! soutiens-moi, permets que je retrouve
Cet enfant du malheur, car enfin il est temps,
D'appaiser les regrets que depuis vingt ans j'éprouve,
De réparer le mal que j'ai fait à vingt ans.

ENSEMBLE.

LE CAPITAINE.

Songe qu'à ma vengeance
Tu n'échapperais pas,
Tiens-toi pour mort d'avance
Si tu fuis d'un seul pas.

MATHIEU.

Bien sûr à sa vengeance
Je n'échapperais pas,
Je serais mort d'avance
Si je fuyais, si je fuis d'un seul pas.

MATHIEU.

Oh! le voilà... oui, c'est bien cela... le numéro d'inscription est dessus, ce renseignement est suffisant pour retrouver votre fils.

LE CAPITAINE.

Donne !

MATHIEU.

Courez, c'est à une portée de fusil d'ici.

LE CAPITAINE.

Et depuis dix-huit ans, tu ne t'es pas seulement informé s'il est mort ou vivant.

MATHIEU.

Mais, Monsieur...

LE CAPITAINE.

Oh ! s'il est mort !..

MATHIEU.

Mort !..

LE CAPITAINE.

Mort par ta faute...

(Ici on entend sonner la cloche.)

MATHIEU.

Voici les ouvriers qui rentrent... de grace, Monsieur... allez, courez chercher votre fils, et ne dites à personne...

LE CAPITAINE.

Oui, si je le retrouve... mais, s'il est mort, malheur à toi.

(Le capitaine sort par le fond, les ouvriers entrent par la porte de côté.)

SCÈNE VIII.

COCO, NARCISSE, ROBLOT, Ouvriers, MATHIEU.

CHOEUR.

Air : Lorsque la gloire nous appelle.

L'heure du travail nous appelle ;
Il faut qu'à la cloche, en ce jour,
L'ouvrier soit aussi fidèle

* Mathieu, le Capitaine.

Que le soldat à son tambour,

(Tous les ouvriers reprennent leurs places et leurs travaux. — Même ordre qu'au lever du rideau.)

MATHIEU, à part.

Ouf!.. j'en ai échappé une belle... pourvu que ce polisson-là, ne soit pas mort!.. Oh! quelle journée!.. tout m'écrase à la fois... et cette petite Catherine qui a refusé... oh! ce drôle de Narcisse paiera pour tous.

COCO, chantant en tirant le soufflet.

Au fort d'une barricade,
Un jeune garçon tirait;
Mathieu lui dit : camarade...

MATHIEU, qui rôde autour de la place de Narcisse, à Coco.

Veux-tu te taire, toi!

ROBLOT.

Je t'ai défendu de chanter en tirant le soufflet.

COCO.

Je croyais que l'historique m'était permis... C'est si amusant de faire comme ça la mécanique, du bas en haut, depuis le lever du soleil jusqu'à huit heures du soir... faites donc huit ans d'apprentissage pour apprendre à remuer le corps à la manière d'une bascule.

MATHIEU.

Vous voyez, M. Roblot, ce que c'est que l'exemple. (Montrant Narcisse.) Ce mauvais sujet le gâtera tout-à-fait!.. (Narcisse se croise les bras et regarde Mathieu avec impatience.) Quand tu me regarderas avec tes gros yeux bêtes... c'est de toi que je parle.

COCO, faisant des mines à Narcisse.

Ah! tu me gâtes, toi, fichu polisson!

ROBLOT, lui tire l'oreille.

Veux-tu bien te taire et ne pas souffler. (Coco s'arrête et ne tire plus le soufflet.) Eh bien!..

COCO.

Vous m'avez dit de plus souffler!..

ROBLOT, se mettant en colère.

C'est donc une conspiration?

MATHIEU.

Dites donc une révolte permanente; grace à votre faiblesse, ils mettront tout ici à feu et à sang! je ne vous dis que ça! (Tous les ouvriers éclatent de rire, Mathieu donne un coup de poing sur le cadre que Narcisse tient en ce moment; d'une voix dominante.) L'un de nous deux s'en ira! ou j'y perdrai mon nom!

(Par un second coup, il fait tomber à terre le cadre qui se brise.)

ROBLOT, sautant de colère.

Là!.. voilà un jour et demi d'ouvrage perdu!

NARCISSE.

C'est lui, patron!

MATHIEU.

C'est toi!..

TOUS LES OUVRIERS.

Ce n'est pas vrai, c'est vous!

Air : Aux bords heureux du Gange.

LES OUVRIERS.

C'est vous.

NARCISSE.

C'est lui.

MATHIEU.

C'est toi.

NARCISSE.

J' vous dis que c' n'est pas moi.

LES OUVRIERS.

S'il se comporte ainsi,
Nous sortons tous d'ici!
Quel être insupportable,
Aussi laid que méchant.

MATHIEU.

Allez-vous-en au diable.

TOUS.

Nous y sommes vraiment.

REPRISE.

C'est vous, c'est lui, etc.

(L'atelier est dans le plus grand désordre.)

MATHIEU, ôtant son tablier et le jetant de colère.

Je ne suis plus rien ici! je m'en vais, M. Roblot... arrangeons nos comptes.

NARCISSE, l'arrête.

C'est une nouvelle méchanceté!.. vous savez bien que le patron n' peut pas...

COCO.

Nous connaissons les couleurs.

MATHIEU.

Qu'est-ce à dire...

NARCISSE.

Suffit... quoique ce soit un secret entre vous et M. Roblot, nous nous comprenons... mais puisqu'il y a quelqu'un d' trop ici, je m'en vais, moi, à l'administration... je me livre pieds et poings liés... j' sais bien qu'on va m' traiter de révolté... qu'on va me mettre au pain, à l'eau, au cachot, etc., etc.; mais j' m'en fiche... j'aime mieux passer là mes six mois que de vivre ici, où j' frais quelque malheur.

(Il ôte son tablier et met sa veste. Coco en fait autant.)

ROBLOT.

Eh bien! et toi, où vas-tu?

COCO.

Où c' que j' vais, j' vas où y va; et le voyage ne sera pas long, puisque nous n'avons qu'un bout de faubourg à faire.

MATHIEU.

Je te l' défends!

COCO.

De quoi? plaît-il? vous êtes trop disgracié de la nature pour m'empêcher de partager la disgrace de mon camarade de lit et d'infortune, de mon jumeau de malheur; car nous sommes venus non pas au monde ensemble, mais à la Pitié la même nuit; les numéros d'ordre de la grande maison nous rendent inséparables, ni plus, ni moins, que le treizième d'un demi-quarteron. (D'un air de grandeur.) Es-tu prêt? 85? 84 t'attend!..

MATHIEU, stupéfait.

84!.. 85!.. ah! mon Dieu! il me semble que c'est l'un de ces deux numéros!..

COCO.

Ça vous étonne ça, vous? mais c'est comme ça; ces numéros c'est nos noms de baptême et de famille à nous; ainsi signez le certificat comme quoi vous renvoyez les Enfans de la Pitié, nᵒˢ 84, 85.

SCÈNE IX.

LES MÊMES*, LE CAPITAINE, accourant.

LE CAPITAINE.

85?.. lequel de vous deux porte ce numéro.

COCO.

Lui !

NARCISSE.

Moi !..

LE CAPITAINE.

Toi ! (Il s'approche de Narcisse.) Ah ! je l'ai donc
retrouvé !

MATHIEU.

Narcisse !..

LE CAPITAINE.

Narcisse, dis-tu ?.. Narcisse, je suis ton père.

NARCISSE.

Vous ?..

LE CAPITAINE.

Qui te cherche depuis quinze ans, qui te retrouve, et qui t'appelle sur son cœur !..

NARCISSE.

Mon père !..

(Ils s'embrassent, tout le monde les entoure.)

COCO.

Enfoncé, le père Labosse ! Renvoyez-le donc,
maintenant ?..**

FINALE DE M. ROGER.

CHŒUR.

Quoi ! c'est son père?
Ah ! quel beau jour;
Le sort prospère
Le rend à son amour.

LE CAPITAINE.

Je suis ton père !
Ah ! quel beau jour.
Le sort prospère
Te rend à mon amour.

* Mathieu, Coco, le Capitaine, Narcisse, Bublot.

** Mathieu, le Capitaine, Ouvriers, Narcisse, Coco, Roblot.

NARCISSE.

Oui, c'est mon père;
Ah ! quel beau jour.
Le sort prospère
Vous rend à mon amour.

LE CAPITAINE.

Un sort heureux t'attend sous le toit de ton père,
Viens, mon fils, hâtons-nous.

NARCISSE.

Permettez qu'en ces lieux,
Où, dans chaque ouvrier, je vois toujours un frère,
Je fasse mes adieux.

(Les ouvriers l'entourent.)

MATHIEU, à part.

Riche et noble, je l'imagine,
Il ne peut plus épouser Catherine.

NARCISSE.

Adieu, mes compagnons; je vous laisse, en partant,
Un bien plus précieux que l'or et la richesse,
Amitié d'ouvrier et rêves de jeunesse;
 Je reviendrai les retrouver souvent.
  Vous consolâtes ma misère,
  L'ennui, vous l'avez adouci,
  Je vais vous quitter pour mon père,
  Mais ma famille reste ici.
  Quel que soit mon sort, je l'atteste,
  Fier encor de mes premiers jours,
  L'cœur d'ouvrier battra toujours
  Sous l'habit, comme sous la veste.

ENSEMBLE.

NARCISSE.

Adieu mes compagnons, etc.

LES OUVRIERS.

Adieu, Narcisse, adieu; tu laisses, en partant,
Un bien plus précieux que l'or et la richesse,
Amitié d'ouvrier et rêves de jeunesse;
Puisses-tu revenir les retrouver souvent.

(Ils embrassent Narcisse; le Capitaine emmène son fils, Mathieu se
frotte les mains.)

FIN DU PREMIER ACTE.

ACTE II.

Le théâtre représente un salon richement meublé. Portes latérales, portes au fond,

SCÈNE I.

CATHERINE, AMANDA.

(Amanda assise près de la table à gauche ; Catherine arrivant par le
fond.)

CATHERINE.

Comment, c'est vous, mademoiselle ? sitôt
levée; est-ce que je serais en retard ?

AMANDA.

Non, ma petite; c'est bien l'heure à laquelle
les couturières commencent leurs journées, et
c'est l'heure à laquelle je me suis levée, parce
que je n'ai pu dormir de la nuit.

CATHERINE.

En effet, vous ne paraissez pas bien portante,
ce matin.

AMANDA.

Non; je souffre... et puis, je suis contrariée,
j'ai du chagrin.

CATHERINE.

Du chagrin... vous, une riche et noble demoiselle... Oh ! ce n'est qu'à moi, pauvre fille
sans nom et sans fortune qu'il est permis d'en
avoir.

AMANDA.

Ah ! tu crois cela? comme tu t'abuses... mais

quel chagrin peux-tu avoir dans ta position.

CATHERINE.

J'allais vous faire la même question, mademoiselle, et avec bien plus de raison ; car, moi, je suis orpheline, sans soutien, sans protecteur dans le monde, et celui que je croyais avoir trouvé...

AMANDA.

Achève !..

CATHERINE.

Oh ! mais, je n'oserai jamais vous faire toutes mes confidences, vous êtes trop bonne de vouloir bien les écouter, et je craindrais...

AMANDA.

Parle, ma bonne, je t'écouterai avec intérêt; les jeunes filles se comprennent mieux ; et dans la maison, te le dirai-je, tu es la seule à qui je puisse confier mes peines, et quand on trouve quelqu'un qui vous écoute, ça soulage, n'est-ce pas ?

CATHERINE.

Oh! oui; car depuis hier, j'étouffe de chagrin ; et moi aussi, je n'ai pu en dire un mot à personne.

AMANDA.

Eh bien, dis-moi tout, à moi; et après je te dirai tout aussi.

CATHERINE.

Volontiers ! Eh bien, vous saurez qu'il y a un jeune homme... Oh ! mais, je n'oserai jamais.

AMANDA.

Ma bonne, la confidence que j'ai à te faire regarde aussi un jeune homme.

CATHERINE.

Vraiment !

AMANDA.

Eh bien ! ce jeune homme ?

CATHERINE.

Air : J'aimais, j'adorais mon ami.

Depuis plus de deux ans, il m'aime.

AMANDA.

C'est comme moi !

CATHERINE.

En secret, je l'aime de même.

AMANDA.

Tout comme moi !

CATHERINE.

Hier, j'étais sans défiance.

AMANDA.

Ainsi que moi !

CATHERINE.

Aujourd'hui, n'ai plus d'espérance.

AMANDA.

Hélas! ni moi !

CATHERINE.

Sa position a changé tout-à-coup, il est devenu riche, il a trouvé une famille, que sais-je ?.. Enfin, le mariage qui devait avoir lieu tôt ou tard, est peut-être détruit à jamais... car, je ne suis qu'un enfant de la Pitié, je ne possède rien, je suis trop pauvre pour lui.

AMANDA.

Et moi, ma petite, je suis plus à plaindre encore; celui que j'aime et dont je suis aimée, est pauvre au contraire; moi, je dois avoir de la fortune, et je ne serai pas sa femme, parce que je serai trop riche pour lui.

CATHERINE.

Ah ! quel malheur !

AMANDA.

N'est-ce pas que c'est bien injuste ?.. On parle même déjà de m'unir à un autre, à un cousin que je ne connais pas et que je déteste d'avance... Ah ! si j'étais à ta place...

CATHERINE.

Et moi, si j'étais à la vôtre.

Air : Ce que j'éprouve.

Le sujet de votre chagrin.
Me causerait bien d'allégresse ;
J'envie hélas votre richesse.

AMANDA.

Je voudrais ne posséder rien !
N'avoir ni nom, ni rang, ni bien.

ENSEMBLE.

Je suis plus malheureure qu'elle ;
Sans espoir, je garde ma foi,
En se regardant.
Quel bonheur ce serait pour moi,

CATHERINE.

Si j'étais rich' comm' vous, mamzelle !

AMANDA.

Si j'étais pauvre comme toi !

AMANDA, à part.

Ciel !.. quelqu'un... Oui, c'est lui qui vient de ce côté. (Haut.) Va, va, ma bonne, tu trouveras ton ouvrage dans ma chambre; je vais te rejoindre... surtout, ne dis rien à personne... De ton côté, compte sur ma discrétion.

CATHERINE.

Merci, mademoiselle ; je vais vous attendre en travaillant.   (Elle sort.)

SCÈNE II.

AMANDA, ARTHUR.

ARTHUR.

Vous voilà, mademoiselle ? je vous cherchais, je voulais vous voir...

AMANDA.

Qu'avez-vous donc, M. Arthur ?

ARTHUR.

Vous me le demandez, mademoiselle, après ce qui s'est passé hier... ce qui va se passer aujourd'hui.

AMANDA.

Ah! sans doute ; d'avance, tout cela m'épouvante.

ARTHUR.

Et vous obéirez, pourtant.

AMANDA.

Arthur, c'est ma mère...

ARTHUR.

Votre mère, votre mère ! qu'importe ?.. Elle sait que je vous aime, que vous m'aimez aussi; je suis son parent, je porte le même nom que son père ; et parce que je n'ai pas de fortune à vous offrir, elle refuse de nous marier, et va vous donner au fils de votre oncle, perdu jusqu'ici, et retrouvé pour mon malheur.

AMANDA.

Vous le savez, Arthur, ma mère et moi n'existons que par les bienfaits de mon oncle; mon père en mourant ne nous a rien laissé. Mon oncle, pour léguer sa fortune à ma mère et à moi, veut que j'épouse son fils, qu'il va reconnaître, et dont il nous parlait sans cesse.

ARTHUR.

Et moi, croyez-vous que je ne pourrai pas acquérir une position digne de vous être offerte. Si, jusqu'ici, je n'ai pas pressé Mme votre mère, c'est que connaissant ses vues sur vous, j'attendais d'être arrivé au but où doivent me conduire ma naissance et le désir de vous posséder... il y a deux jours, j'espérais encore... mais hier, hier, ce fils que votre oncle a retrouvé, et auquel maintenant on parle de vous unir... Ah ! je suis bien malheureux.

AMANDA.

Calmez-vous, Arthur, croyez-vous que je ne souffre pas aussi; car, enfin, je ne vous ai pas caché ce que vous m'inspiriez d'intérêt, et l'espérance que j'avais de vous appartenir un jour... Mais dans tous ces rêves de bonheur que nous avons faits, nous n'avons pas consulté nos parens, dont nous dépendons d'abord.

ARTHUR.

Et sans doute, déjà, Mme votre mère vous a ordonné...

AMANDA.

Elle ne m'a rien dit encore; elle est si certaine de mon obéissance ; comment pourrais-je résister à ma mère ?

ARTHUR.

Oh ! sans doute, vous ne le feriez pas... même pour moi... vous ne lui diriez pas que ce mariage fera votre malheur, que vous refusez, que vous m'aimez enfin...

AMANDA.

Arthur, vous êtes injuste, si je donnais de pareils motifs à ma mère, elle me blâmerait sans vouloir en entendre davantage...

ARTHUR.

Oui, vous vous laisserez immoler sans oser rien dire... Mais il n'en sera pas ainsi de mon côté : je parlerai...

AMANDA.

O ciel ! que voulez-vous faire ?

ARTHUR.

Oh ! rassurez-vous, ce ne sera ni à votre oncle, ni à Mme votre mère que je m'en prendrai ; mais à lui, mais à celui qui doit être votre époux, mon rival.

AMANDA.

Y pensez-vous, Arthur ?

ARTHUR.

Il aura ma vie, ou j'aurai la sienne.

AMANDA.

Mon Dieu, vous me faites peur... mais n'allez pas faire cela, monsieur, vous exposer, vous battre ; je ne le veux pas, entendez-vous, je vous le défends...

ARTHUR.

Pour cette fois, vous me permettrez de ne pas vous obéir, et je saurai bien...

AMANDA.

Mais, mon oncle, ma mère...

ARTHUR.

Votre oncle est militaire, il comprendra parfaitement ma conduite; votre mère ne l'apprendra seulement pas, si je succombe...

AMANDA.

Et moi, moi !..

ARTHUR.

Vous ?..

AMANDA.

Oui, vous me comptez pour rien, moi qui serai la plus malheureuse, moi forcée d'épouser un homme que je n'aime pas, moi qui en mourrai de chagrin peut-être ; mais que vous importe, vous vous serez battu, vous aurez tiré vanité de votre courage et vous m'aurez désespérée encore plus... ah ! vous ne m'aimez pas.

ARTHUR.

Je ne vous aime pas !.. mais s'il en était ainsi, voudrais-je tuer mon rival ?

AMANDA.

Encore.

ARTHUR.

Oh ! pardon, pardon... je vous afflige ; mais c'est qu'en vérité quand je songe... ma tête se perd...

AMANDA.

Air : Romance du Muletier du Vésuve.

Arthur, soyez sage,
Calmez votre courroux !
J'ai besoin de courage
Pour résister à tous ;
Par mes pleurs, je l'espère,
J'attendrirai ma mère,
Peut-être que son cœur,
Comprendra ma douleur.

ENSEMBLE.

Dieu des amours, à ma souffrance,
Accorde encore cette espérance,

Donne à sa/ma voix tout le pouvoir,
Dont nous avons besoin pour triompher ce soir !
Confiance ! courage !
Car souvent le malheur,
Au plus fort de l'orage,
Est voisin du bonheur !

AMANDA.

Grand Dieu !.. quelqu'un... si l'on nous surprenait ensemble... partez, Arthur, partez; promettez-moi de vous calmer, et quoi qu'il arrive, soyez sûr que je vous aime et que je n'aimerai que vous.

ARTHUR.

Oh ! cette assurance m'est bien précieuse... Adieu, mademoiselle, adieu. (A part.) Oh ! je ne m'en battrai pas moins si on la donne à un autre.

(Il sort par le fond ; elle sort par la porte qui donne dans sa chambre.)

SCÈNE III.

NARCISSE, un Domestique nègre.

NARCISSE.

Je te dis que si, moricaud ; que diable, je sais bien ce que je fais ; je veux aller voir mon père.

LE NÈGRE.

Mais j'ai l'honneur de faire observer à monsieur, que M. le Baron n'est pas encore visible, et que son valet de chambre ne fait que d'entrer chez lui.

NARCISSE.

Qui te parle de M. le Baron... je m'en moque pas mal de ton Baron ; c'est mon père que je veux voir.

LE NÈGRE.

Monsieur oublie que M. le Baron est son père.

NARCISSE.

Ah ! c'est vrai, les deux ne font qu'un... Eh bien, est-ce qu'un fils ne peut pas entrer chez son papa tout comme son domestique ?

LE NÈGRE.

Ce n'est pas l'usage.

NARCISSE.

Ah ça ! tu m'asphixies, mon cher ami, avec ces mots : ce n'est pas l'usage. Tu me les répètes à chaque chose que je veux faire.

LE NÈGRE.

Ce n'est pas ma faute, si dans le monde...

NARCISSE.

Le monde, le monde... il me scie le dos, ainsi que toi ; est-ce que, dans le monde, on a un père pour ne pas le voir, lui parler, l'aimer tout à son aise, surtout quand on en a été privé si long-temps... Ayez donc un père baron pour que le domestique aille l'embrasser avant vous. (Au nègre qui lui présente ses gants.) Qu'est-ce que c'est encore que ça ?

LE NÈGRE.

Ce sont vos gants.

NARCISSE.

Pourquoi faire ?

LE NÈGRE.

Pour couvrir vos mains.

NARCISSE.

C'est bon de les couvrir quand on les a comme toi, homme des pays chauds ; mais quant à moi... C'est pas l'embarras, malgré que tu aies usé ce matin une douzaine de savonnettes, elles ne sont pas encore trop blanches... c'est égal, en fait de peau, je préfère celle de la nature.

UN DOMESTIQUE, annonçant.

M. Coco Laboule.

NARCISSE.

Coco Laboule !.. Ah ! tant mieux, il va me parler de Catherine, ça me fera attendre l'heure de voir mon père.

SCÈNE IV.

COCO, NARCISSE.

(Les domestiques ne sortent qu'après avoir rendu à Coco, ses salutations.)

NARCISSE.

Eh ! arrive donc, traînard, depuis ce matin, je t'attends avec une impatience...

COCO, il reste à la porte du fond.

On peut entrer, hein ? C'est que j'ose pas marcher là-dessus, moi.

NARCISSE.

Eh ! viens donc.

COCO, saluant les domestiques.

Ma foi, je me lance... ça va bien, ce matin... et moi aussi, merci, il n'y a pas de quoi... Dieu de Dieu que c'est calé chez ton respectable père... et toi, comme tu es mis.

NARCISSE.

Oh ! tout cela n'est rien encore, si tu savais... je languissais bien de te voir, pour te raconter tout ce qui s'est passé... Figure-toi, d'abord, que c'est Mathieu qui m'a fait retrouver par mon père.

COCO.

Père la bosse ? comment se fait-il ?

NARCISSE.

Oh ! c'est une histoire trop longue à te conter, et dans laquelle Mathieu ne s'est pas bien conduit.

COCO.

Ça m'étonnerait, si c'était du contraire.

NARCISSE.

Mais enfin, mon père m'a dit de l'oublier, de ne pas lui en vouloir, et de ne lui rien témoigner quand je le verrais ici : il est nécessaire qu'il y revienne pour tout terminer.

COCO.

Ici... il y viendra ?

NARCISSE.

Sans doute.

COCO.

Plus souvent, si j'avais un père, qu'il recevrait un fripon comme ça... Un gueusard qui va ruiner M. Roblot.

NARCISSE.

Vraiment.

COCO.

Depuis ce matin, il parle de l'expulser, il dit qu'il va être le maître ; mais ton père, dis-moi d'abord...

NARCISSE.

Oh ! mon père est bon, mais bon... hier, il m'a tenu plus d'une heure à pleurer, à rire, à m'embrasser...

COCO.

Ah ! bah ?.. c'est comme ça qu'il vous traite, un père.

NARCISSE.

Il m'a dit qu'il ne voulait que mon bonheur, qu'il le ferait, qu'aujourd'hui, nous en parlerions sérieusement.

COCO.

Ah ! il veut faire ton bonheur !.. et t'a-t-il donné à souper ?

NARCISSE.

Je crois bien, et un appartement meublé aux oiseaux, et un domestique nègre que tu viens de voir.

COCO.

Ce moricaud est ton domestique ; c'est lui qui brosse tes habits et cire tes bottes à l'instar de sa peau... Fameux ! bon genre !..

NARCISSE.

Et puis, tu ne sais pas, mon père n'est pas seul ici ; il habite avec ma tante.

COCO.

Où prends-tu ta tante ?

NARCISSE.

C'est la femme à mon oncle, la mère de ma cousine.

COCO.

Es-tu heureux d'avoir une cousine !.. Et elle est jolie, ta cousine ?

NARCISSE.

Je n'ai vu ni elle, ni ma tante... hier, elles étaient absentes, et je dois les voir ce matin ; mon père m'a même recommandé d'être bien prévenant avec elles... Mais c'est égal, j'ai peur de ne pas pouvoir...

COCO.

Comment ?.. mais, dès l'instant qu'il s'agit du sexe, le fondeur est naturellement troubadour.

NARCISSE.

Oh ! c'est pas ça... c'est le moricaud qui m'a dit que c'était une grande dame, une comtesse.

COCO.

Laisse donc, si je suis là, je te soufflerai... Je connais les belles manières, moi... regarde donc comme je me suis ficelé pour venir te voir... j'ai l'air d'un vrai monsieur ; et, quand j'ai reçu ton petit mot hier ousque tu me disais de venir te voir, je me suis dit : Il ne faut pas que le 85 ait à rougir de son ami.

NARCISSE.

A propos de mon billet, as-tu fait tout ce dont je t'avais chargé ? as-tu vu Catherine ?.. lui as-tu dit ?..

COCO.

Je n'y ai pas manqué : je l'ai vue hier, et je lui ai tout conté.

NARCISSE.

Eh bien, qu'a-t-elle dit ?

COCO.

Oh ! d'abord elle a sauté de joie, et puis, elle s'est mise à pleurer.

NARCISSE.

Pourquoi donc ?

COCO.

Elle a dit qu'à présent que tu étais riche, tu allais l'oublier.

NARCISSE.

Et tu l'as laissé dire ?

COCO.

Fallait donc lui fermer la bouche ?

Air : Jamais une femme ne pleure.

Ça t'aurait p'têtre été facile,
Toi, qui naquis pour les amours,
Quand j'vois qu' l'on pleure et s'fait d'la bile,
J'uis bête, comm' un enfant d' deux jours.
Ce n'est pas la rivière à boire,

Qu' d'empêcher un' femme d' pleurer ;
Mais, fichtre, c'est une autre histoire,
Lorsqu'on veut l'empêcher d' parler.
Je lui ai répondu qu'elle en avait menti.

NARCISSE.

Tu as bien fait.

COCO.

Je lui ai dit que tu l'aimais, que tu l'aimerais toujours, et que tu n'étais pas fait pour oublier personne.

NARCISSE.

Et qu'a-t-elle répondu ?

COCO.

Elle s'est mise à pleurer plus fort.

NARCISSE.

Coco, je veux voir Catherine à l'instant, la rassurer, lui dire...

COCO.

Quoi ?

NARCISSE.

Parbleu, puisque mon père veut faire mon bonheur, c'est qu'il me la fera épouser.

COCO.

C'est clair.

NARCISSE.

Allons chez M. Roblot.

COCO.

Mais elle n'y est pas. Tu sais bien qu'aujourd'hui elle travaille chez la grande dame.

NARCISSE.

C'est vrai... Alors, il faut que je découvre cette grande dame. Viens, viens !

SCÈNE V.

LES MÊMES, LE CAPITAINE, LA COMTESSE.*

LE CAPITAINE.

Où allez-vous, mon fils ?..

NARCISSE, l'embrassant.

Mon père !..

LE CAPITAINE.

Voici la Comtesse votre tante, à laquelle je désire vous présenter.

NARCISSE, bas à Coco.

C'est ma tante... voilà que j'ai peur.

COCO, à part.

C'est ça la tante ?.. j'aime pas sa tête. (Bas à Narcisse.) Va toujours, elle ne te mangera pas.

NARCISSE.

Madame... ma tante.

LA COMTESSE.

Approchez... Votre arrivée dans cette maison nous comble tous de joie.

COCO, bas à Narcisse.

Réponds-y donc quelque chose de spirituel.

NARCISSE.

Madame... ma tante... certainement... quand je pense que... (A part.) J'ose pas...

COCO.

Il veut dire qu'il est enchanté de son sort... (Bas à Narcisse.) Demandes-y des nouvelles de sa santé.

<hr>

* La Comtesse, le Capitaine, Narcisse, Coco

NARCISSE.

Vous vous portez bien, ma tante?

COCO.

Il demande comment que vous vous portez.

LA COMTESSE.

J'entends très bien. (Au Capitaine.) Quel est Monsieur?

LE CAPITAINE.

Sans doute un ami de Narcisse.?

NARCISSE.

Mon meilleur ami.

COCO.*

Son frère de numéro : c'est le 85, moi, le 84; ce qui veut dire que nous avons été nourris, élevés et fouétés ensemble... Ça ne s'oublie pas, Madame; aussi, entre nous, c'est à la vie, à la mort; à preuve qu'il est riche et a une famille, maintenant. Eh bien, je ne le méprise pas pour ça, au contraire ; et ça ne m'empêche pas de venir le voir, ainsi que vous, Madame et la compagnie.

LA COMTESSE.

Quel langage !

COCO, à Narcisse.

Je fais de l'effet, hein ! fais comme moi.

LE CAPITAINE.

Nous sommes sensibles à votre attention, et les amis de mon fils seront toujours les bien venus... mais dans ce premier moment, nous avons une foule d'intérêts à régler en famille.

COCO.

Je comprends parfaitement... il faut que je m'en aille...

LE CAPITAINE.

Je regrette que, précisément au moment où j'ai amené ma sœur pour causer avec Narcisse...

COCO.

Pourquoi donc ça?.. chacun ses affaires... là où il y a de la gêne, il n'y a pas de plaisir... (Fausse sortie. Revenant sur ses pas.) Monsieur, Madame, la compagnie, je suis bien le vôtre.

NARCISSE, bas à Coco, en le reconduisant.

Cours chez Catherine, sache la maison où elle travaille, et tu viendras me le dire ici, tout de suite.

COCO, de même.

Et l'atelier !.. Ah ! bah !.. c'est aujourd'hui jeudi, je fais mon lundi, tant pis !..

(Ils se disent quelques mots tout bas.)

SCÈNE VI.

LA COMTESSE, LE CAPITAINE, NARCISSE.

LE CAPITAINE.

Approche, Narcisse; nous allons parler de nos plus chers intérêts. Des circonstances que je t'ai déjà révélées m'ont empêché d'épouser ta mère. Elle est morte, aujourd'hui, et je ne puis lui donner cette réparation ; mais il en est une que je t'offre, mon fils, et que je suis heureux de te faire ; demain, je te reconnais pour mon enfant, demain, je te légitime et te donne un nom, une famille, une fortune.

Coco passe au n° 3.

NARCISSE.

Oh ! merci, merci , mon père. Si vous saviez que de bonheur cette promesse répand dans mon âme... Ainsi, je ne suis plus seul, abandonné dans ce monde, et j'ai droit à un nom déjà célèbre, et dont je soutiendrai dignement l'honneur, si je n'en puis soutenir l'éclat.

LE CAPITAINE.

Bien, mon enfant!

LA COMTESSE.

Je vois avec plaisir que mon neveu commence à comprendre les obligations que sa nouvelle position lui impose, et qu'il est disposé à profiter des leçons qu'on pourrait lui donner dans ses intérêts.

NARCISSE.

Certainement, ma tante.

LA COMTESSE.

Eh bien ! pour première leçon, je vous dirai que, dans le monde où vous allez vivre, il n'est pas reçu de dire ma tante, et que le propre d'un homme bien né est de dire, au contraire. Mme la Comtesse, ou Madame, tout court.

NARCISSE.

Excusez-moi, Mme la Comtesse, je ne pensais pas...

LA COMTESSE.

A la rigueur, vous devriez appeler votre père, Monsieur.

NARCISSE.

Dire Monsieur, à mon père...

LE CAPITAINE.

Je l'en dispense, ma sœur... il me donnera le nom que son cœur pourra lui dicter.

LA COMTESSE.

Ce n'est pas l'usage.

NARCISSE, à part.

Ah ! ah ! elle dit aussi comme le nègre.

LE CAPITAINE.

Laissons cela, et venons au fait. J'attends, de jour en jour, l'ordre de mon départ ; j'ignore ce qui m'est réservé dans ce voyage. Je veux, avant de partir, assurer ton sort et celui de ma nièce ; je me suis concerté avec la Comtesse, et nous avons résolu de vous marier.

NARCISSE.

Me marier !.. moi?.. avec la fille de Mme la Comtesse?..

LE CAPITAINE.

Cette alliance est nécessaire au repos intérieur de tous... et demain...

NARCISSE.

Quoi ! demain ?..

LE CAPITAINE.

Dans trois jours, je ne serai peut-être plus ici. D'un moment à l'autre, je puis recevoir l'ordre du départ, et telle est la condition du marin, tel est l'honneur de son serment, que s'il reçoit l'ordre de partir sur l'heure, il doit partir sur l'heure, foulant aux pieds les intérêts de famille et d'amitié... Serais-tu près d'expirer, mon fils, que si cet ordre arrivait, je serais forcé d'obéir, car un marin se doit, avant tout, à sa patrie et à son pavillon... Il faut donc que tu épouses sur-le-champ ta cousine... Tu acceptes, n'est-ce pas?..

NARCISSE.

Mon père...

LA COMTESSE.

M. le Baron, je n'ai pas fait cette question à ma fille.

NARCISSE.

Quoi ! ma cousine ne sait pas ?..

LA COMTESSE.

Elle ignore mes volontés, il sera temps de les lui faire connaître, quand elle devra les exécuter.

NARCISSE.

Mais si je ne conviens pas à ma cousine ?

LA COMTESSE.

Présenté par moi, vous êtes sûr de lui convenir.

NARCISSE.

Mais enfin, si elle ne veut pas...

LA COMTESSE.

Une mère a seule des volontés, et une fille comme un fils bien né obéit toujours à ses parens, sans hésiter et sans observation ; tel est l'usage du monde.

NARCISSE.

Ah ! c'est encore un usage du monde.

LA COMTESSE.

Le plus sacré, et auquel on ne saurait déroger sous aucun prétexte ; vous allez vous en convaincre à l'instant, car voici ma fille.

SCÈNE VII.

Les mêmes, AMANDA.

LA COMTESSE.

Air : Tenez, mon brave homme, etc.

Venez, approchez-vous, ma fille.
Je vous présente votre époux.

LE CAPITAINE, à Narcisse.

Vois, comme elle est jeune et gentille.

NARCISSE.

Mais mon père...

LA COMTESSE, à Amada.

L'acceptez-vous ?

AMANDA.

Oui, ma mère !

NARCISSE.

O surprise extrême !..

LA COMTESSE.

Laissons-les seuls, à l'instant même.
Tous nos souhaits sont exaucés ;
Vous voilà déjà fiancés.

ENSEMBLE.

NARCISSE.

Je n'y comprends rien, sur mon âme,
Malgré moi, j'en ferai ma femme.
Oh ! de colère et de douleur,
Je sens déjà battre mon cœur.

AMANDA.

Quel trouble affreux règne en mon âme,
Malgré moi, je serai sa femme.
De désespoir et de douleur,
Je sens déjà battre mon cœur.

LA COMTESSE, LE CAPITAINE.

Quel trouble heureux règne en mon âme...
Enfin, elle sera sa femme.
Ah ! d'espérance et de bonheur,
Je sens, ici, battre mon cœur.

SCÈNE VIII.

AMANDA, NARCISSE ; puis COCO, entrant par le fond.

AMANDA, à part.

Ainsi, il faut renoncer à lui pour jamais !..
(Elle tombe sur un fauteuil.)

NARCISSE, à part.

Ah ! c'est comme ça qu'on agit dans le monde !.. c'est comme ça qu'on bâcle des mariages sans consulter les gens ; et les papas et les mamans font tourner leurs enfans comme des tontons... C'est un peu drôle, par exemple !..

COCO, accourant.*

Ah ! mon ami, j'ai l'adresse de la maison où travaille Catherine... Si tu savais...

NARCISSE.

Il s'agit bien de ça, à présent. Tu ne sais pas qu'on veut me marier à ma cousine...

COCO.

Ah bah !..

NARCISSE.

Et moi, je ne veux pas... Cette pauvre Catherine...

COCO.

Il faut refuser.

NARCISSE.

Tu crois que c'est facile, toi, refuser... Je te répète que, malgré tout ce qu'on peut dire, il faut obéir, puisqu'on m'a laissé ici, avec elle et qu'on nous a déclarés fiancés. Tiens, regarde, la voilà !..

COCO.

C'est ta cousine... et tu la laisses là, sans lui parler... Mon cher, le fondeur est galant.

NARCISSE.

Que veux-tu que je lui dise ?..

COCO.

La première chose venue... Dis-lui que tu ne l'aimes pas, si tu veux ; mais sois honnète, parle-lui.

NARCISSE.

En effet, si je lui déclarais... peut-être refuserait-elle, et alors...

COCO.

C'est ça... déclares z'y...

NARCISSE.

J'ose pas...

COCO.

Bêta... va. Attends, je vais engager la conversation.
(Il va à un fauteuil et le renverse. A ce bruit, Amanda se lève, pousse un cri et se retourne.)

COCO, s'avançant.

Excusez, Mamzelle ; c'est votre cousin Narcisse qui veut vous parler... Va donc !

NARCISSE, allant vers elle.

Mademoiselle...

____
* Amanda, Coco. Narcisse.

AMANDA.

Monsieur...

COCO, à part.

Ça commence.

NARCISSE.

Mademoiselle, il fait bien beau, aujourd'hui?

AMANDA.

Oui, Monsieur.

COCO.

Qu'est-ce qu'ils disent?.. Il pleut à verse ; va donc !..

NARCISSE.

Il paraît qu'on veut veut nous marier... ensemble?..

AMANDA.

Oui, Monsieur.

NARCISSE.

Et vous avez le cœur de m'épouser ?..

AMANDA.

Oui, Monsieur.

COCO.

Va toujours !..

NARCISSE.

Ah ça ! mais, vous m'aimez donc?..

AMANDA.

Non, Monsieur... C'est-à-dire...

COCO.

Bah !.. parlez lui franchement, allez! L'aimez-vous, ne l'aimez-vous pas?..

AMANDA.

Mais pour aimer les gens, il faut d'abord les connaître, et c'est aujourd'hui la première fois que je vous vois.

NARCISSE.

Ainsi, vous ne m'aimez pas?.. Ainsi, c'est seulement pour obéir à Mme la Comtesse, il faut dire comme ça ; c'est pour lui obéir que vous m'épousez, que vous vous sacrifiez, que vous vous immolez... n'est-ce pas?.. Oh! vois donc, Coco, elle ne dit pas non, elle ne m'aime pas !

COCO.

Elle ne t'aime pas, que c'est heureux !

AMANDA.

Mais Messieurs, je ne comprends pas...

COCO.

C'est très heureux, que je vous dis, extrêment heureux, parce qu'il ne vous aime pas non plus; il ne vous aime pas du tout, du tout : vous êtes à deux de jeu !

NARCISSE.

Non, Mademoiselle, je vais être franc avec vous, j'en aime une autre, j'en aime une autre de tout mon cœur... Vous voyez bien que je ne puis pas vous épouser.

AMANDA.

Oh! mon cousin, que vous êtes gentil !..

COCO.

Qu'est-ce qu'elle dit ?

NARCISSE.

C'est vous ma cousine qui êtes trop bonne de ne pas m'aimer... Oh ! je le disais bien, vous n'avez pas l'air méchant.

AMANDA.

Ainsi, mon cousin, vous ne m'en voulez pas, si je ne puis...

NARCISSE.

Air de Caleb.

Loin de me faire une sottise,
Vous m' comblez d'espoir et de plaisir.

COCO, à Narcisse.

Je crois qu' la chanc' te favorise,
Cett' p'tit' femme-là n' peut pas t' souffrir.

AMANDA.

Excusez, je vous prie,
Monsieur, cet aveu-là.

NARCISSE.

J' vous trouve plus jolie,
Depuis qu' je sais cela.

AMANDA.

Votre bonté redouble encore
Mes craintes et mon embarras !

NARCISSE.

Ma cousine, je vous adore,
Puisqu'enfin, vous ne m'aimez pas.

ENSEMBLE.

AMANDA et NARCISSE.

Un autre a sa tendresse;
Pourtant, je crains, Hélas!
Son bonheur m'intéresse,
Puisqu'il
Puisqu'ell' ne m'aime pas.
Son bonheur, etc.

COCO.

En v'là-t-il des faiblesses.
Ils devraient être las
De s' dire des gentillesses,
Puisqu'ils ne s'aiment pas.
Peut-on s' faire des tendresses,
Lorsqu'on ne s'aime pas ;
Ce sont des petitesses
Que je ne comprends pas.
Après tant d' politesses,
Pourquoi n' s'embrassent-ils pas.

NARCISSE.

Puisque nous voilà d'accord, vous allez déclarer à Mme la Comtesse. On dit comme ça, que vous ne voulez pas m'épouser.

COCO.

Ça me paraît juste.

AMANDA.

C'est vous, au contraire, mon cousin, qui allez dire à votre père...

COCO.

Ça me paraît juste aussi.

NARCISSE.

Moi?.. dire à mon père... Il me semble que vous pourriez mieux que moi.

AMANDA.

Mon cousin, cela n'avancerait a rien, ma mère m'a ordonné ce mariage; je ne puis qu'obéir ; vous savez que c'est l'usage dans ce monde ; j'ai été élevée comme ça.

COCO.

Eh bien ! c'est une éducation soignée, je m'en vante.

AMANDA.

Tandis que vous, mon cousin, qui voyez votre père pour la première fois, étranger à ce monde, en ignorant les lois, vous pourriez, plutôt que moi, dire que ce mariage ferait votre malheur,

NARCISSE.

C'est que c'est la vérité.

COCO.

La pure vérité.

AMANDA.

Eh bien ! vous n'en aurez que plus de courage, pour lui tout déclarer... votre père n'est pas inflexible comme ma mère.

COCO.

Elle a raison, ta cousine, quand tu auras dit à ton père : Sacrebleu, papa, vous en parlez bien à votre aise ; j'en aime une autre et vous voulez que j'épouse celle-là... plus souvent... Ton père sera attendri, j'en suis sûr et te donnera sa bénédiction !

NARCISSE.

Eh bien, oui, je parlerai à mon père, je m'ouvrirai à lui, je lui dirai tout ; et quoiqu'on le dise si violent, il m'écoutera et me permettra de ne pas vous épouser, je l'espère.

COCO.

A la bonne heure, tu es un homme !..

NARCISSE.

Ma cousine, je n'oublierai jamais le service que vous me rendez... Tenez, puisque vous ne m'aimez pas, permettez-moi de vous embrasser ?

AMANDA.

De tout mon cœur.

COCO.

Qu'est-ce que je disais... les y voilà... c'est dommage que je n'en puisse faire autant.

NARCISSE.

Air du Siége de Corinthe.

Je vais tout conter à mon père,
Je vais embrasser ses genoux.
Et j'obtiendrai de lui, j'espère,
De ne pas être votre époux !

ENSEMBLE.

AMANDA.

Allez tout dire à votre père,
Allez embrasser ses genoux,
Vous obtiendrez de lui, j'espère,
De ne pas être mon époux.

COCO.

Il va tout conter à son père,
Il court embrasser ses genoux.
Il obtiendra de lui, j'espère,
De ne pas être votre époux.

NARCISSE.

Je vais tout conter à mon père, etc.

(Amanda sort.)

SCÈNE IX.

COCO, NARCISSE.

NARCISSE.

Oh ! que je suis heureux, mon ami, que je suis content.

COCO.

Il est de fait que tu l'échappes belle. Heureusement ta cousine est bonne enfant.

NARCISSE.

Mais, Catherine, Catherine, je voudrais tant la voir... Tu sais la maison où elle travaille, m'as-tu dit, courons ?..

COCO.

Reste ici !

NARCISSE.

Mais puisque je te dis que je veux aller...

COCO.

Eh bien, reste ici... c'est que tu ne devinerais jamais le hasard... La grande dame chez laquelle elle travaille, c'est ta tante...

NARCISSE.

La Comtesse ; il faut dire comme ça !

COCO.

La Duchesse, si tu veux... Enfin, Catherine est ici.

NARCISSE.

Ici... allons la trouver.

CATHERINE, en dehors.

Laissez-moi, laissez-moi, Monsieur !

NARCISSE.

C'est sa voix !

MATHIEU, en dehors.

Mais, Mademoiselle, c'est pour votre bonheur.

COCO.

C'est le bossu !

NARCISSE.

Qu'est-ce que ça veut dire ?.. C'est pour elle qu'il se rend ici ?.. Ils viennent de ce côté... Écoutons ce qu'ils disent, viens, cachons-nous !

(Ils se cachent dans la chambre.)

SCÈNE X.

MATHIEU, CATHERINE, LES PRÉCÉDENS
cachés.

MATHIEU.

Mais, Mademoiselle, je vous le répète, c'est pour votre bien ; Narcisse a retrouvé son père, je le sais bien, moi, puisque je suis chargé de remplir les formalités voulues à la grande maison ; voilà pourquoi je suis venu ici... Et maintenant que Narcisse est riche, il va vous oublier.

CATHERINE.

Que vous importe ?

MATHIEU.

C'est qu'on aime pas voir de jolies filles comme vous s'attacher à des freluquets comme lui qui n'ont ni amour ni fidélité ; tandis que des hommes faits, se présentent, avec toutes sortes d'avantages pécuniaires. Roblot est très gêné dans ce moment il ne peut me rembourser, la maison m'appartiendra peut-être demain, et alors...

CATHERINE.

Narcisse m'a aimée, Monsieur, il m'aime encore ; je ne crois pas que jamais il puisse m'oublier... Hier encore il me jurait...

MATHIEU.

Et aujourd'hui ce n'est plus ça, il s'agit pour lui d'un grand mariage, une demoiselle fort riche...

CATHERINE.

Il se pourrait ?..

MATHIEU.

La noce va se faire dans quelques jours...

CATHERINE.

Dans quelques jours ! il a donc consenti à ce mariage...

MATHIEU.

Est-ce que ça se demande; il n'a pas même pensé à vous, et il a déclaré qu'il était prêt à épouser la grande dame.

NARCISSE, entrant.*

Vous en avez menti !..

CATHERINE.

Narcisse !..

MATHIEU.

Hein ? que dit-il ?..

COCO, entrant.

Il dit que vous en avez menti !

NARCISSE.

Non, Mlle Catherine, non... ne croyez pas à ce que dit ce méchant homme.

MATHIEU.

J'ai dit la vérité... votre père m'a confié...

NARCISSE.

Vous en avez menti !

COCO.

Il dit encore que vous en avez menti !

NARCISSE.

Il est vrai qu'il était question pour moi d'un grand mariage, mais j'ai refusé... la demoiselle ne m'aime pas, je ne l'aime pas non plus... je ne dois pas l'épouser, je reste libre.

Air : Oui, je croyais l'entendre.

Croyez-vous que j'oublie,
En une heure, en un jour,
Le serment qui me lie
Au plus sincère amour.
Sur ma vive tendresse,
N'ayez plus de souci ;
Là-bas est la richesse,
Le bonheur est ici.

COCO.

Ça vous la coupe, mon éminence !

CATHERINE.

Oh ! M. Narcisse, que vous êtes bon ; et cependant, votre avenir...

NARCISSE.

Mon avenir est d'être à vous.

COCO.

Enfoncé, père Labosse !

MATHIEU.

Impertinent !.. tu oses me dire en face...

COCO.

Et là, là, ici, nous ne sommes pas à l'atelier ousque vous régnez en tyran de mélodrame... Nous sommes chez mon ami, je suis un particulier, un français comme vous, tous les Français sont égaux devant la loi... Vive la Charte !.. et enfoncé les bossus !..

MATHIEU.

C'en est trop, et quand tu reviendras à la maison...

NARCISSE.

Vous ne lui direz rien, sans cela, vous aurez à faire à moi et à mon père.

MATHIEU.

Votre père ? c'est lui qui m'a fait venir ici.

NARCISSE.

Je sais qu'il a encore besoin de vous, m'a-t-il

dit, j'ignore pourquoi ; mais si vous vous avisez de parler encore à Catherine...

COCO.

Suffit ; il a compris.

NARCISSE.

Mamzelle Catherine, retournez à votre ouvrage et soyez bien tranquille, quoi qu'on vous dise, dans peu d'instans, ici, devant tous, je vais refuser de contracter ce mariage, car je n'aurai jamais d'autre femme que vous.

MATHIEU, à part.

C'est ce que nous verrons... Je vais trouver le Capitaine.

COCO, saluant ironiquement.

M. Mathieu, je suis bien votre très humble serviteur de tout mon cœur... Mes respects à l'atelier, s'il vous plaît... sans oublier votre paquet.

(Narcisse reconduit Catherine à droite ; Coco reconduit Mathieu au fond, et lui fait des gestes par derrière. Pendant ce temps, Arthur entre par une porte latérale.)

ARTHUR, à part.

Demain ! ont-ils dit, demain on les marie... oh ! cela ne sera pas, je le jure !

SCÈNE XI.

COCO, NARCISSE, ARTHUR.

ARTHUR.

M. Narcisse ?

COCO, le saluant.

Monsieur, c'est lui.

ARTHUR, à Narcisse.

Monsieur, je suis le vicomte Arthur de Cerny.

COCO.

Arthur de Cerny... ah ! bon ! connais pas !.. mais j'en suis enchanté !

ARTHUR, à Narcisse.

Monsieur, c'est à vous seul que je m'adresse, et non à cet homme.

COCO.

Cet homme !.. cet homme te vaut bien, entendez-vous ? et s'il te doit quelque chose, il est prêt à vous payer.

ARTHUR.

C'est ce que nous verrons plus tard ; maintenant, je n'ai à faire qu'à monsieur.

NARCISSE.

J'ignore, monsieur, quel motif...

ARTHUR.

Je vais vous l'apprendre. Pour la première fois aujourd'hui, vous entrez dans le monde où vous allez vivre désormais ; vous en ignorez les usages sans doute, mais vous êtes pourtant forcé de vous y conformer.

NARCISSE.

Eh ! monsieur, de quel nouvel usage allez-vous encore me parler ? Depuis ce matin, on me rompt la tête avec ce mot.

ARTHUR.

Celui dont je viens vous entretenir n'est inconnu que d'un lâche.

NARCISSE.

Monsieur, je dois le connaître alors ; car il

n'y a que ce mot de lâche , que je ne connaisse pas.

ARTUUR.

Eh bien ! monsieur, s'il en est ainsi , vous me rendrez raison sur l'heure.

COCO.

Tiens! c'te idée !.. Et pourquoi donc ça ?

NARCISSE.

En effet, monsieur... pourquoi ?

ARTHUR.

Pourquoi? parce que vous êtes venu détruire mon bonheur le plus cher, parce que vous, dont, hier, on ignorait encore l'existence, êtes arrivé tout-à-coup au milieu de cette famille , anéantir mes espérances ; en un mot, parce que j'aime mademoiselle Amanda, votre cousine, et que vous allez l'épouser.

NARCISSE.

Quoi ! c'est vous ?

COCO.

C'est lui ! (Il éclate de rire.) C'est farce, tout de même.

ARTHUR.

Oui, monsieur, c'est moi qui avais l'espérance de devenir son époux, c'est moi qu'elle distinguait déjà parmi tous ceux qui lui faisaient la cour... et je vous le répète, dans le monde où nous vivons et dans notre position, il n'y a qu'un seul parti à prendre : Vous mourrez de ma main, ou je mourrai de la vôtre.

NARCISSE.

Avant tout, monsieur, permettez que je vous explique...

ARTHUR.

Je ne veux rien entendre ; je sais tout ce que vous allez me dire... je sais qu'on va me taxer de mauvaise tête, et que je n'ai aucun droit pour vous provoquer... mais, à mon tour je vous répondrai, monsieur, que de mon côté, je n'ai considéré ni le rang , ni la distance ; qu'hier encore vous étiez un ouvrier, et que, cependant, aujourd'hui, je vous fais l'honneur de me battre avec vous... enfin, monsieur, il n'est qu'un seul moyen d'éviter que ce duel ait lieu, c'est de répondre à votre père et à votre tante, que vous refusez d'épouser Mlle Amanda.

NARCISSE.

Prétendriez-vous me dicter ma réponse ?

COCO.

Prétendriez-vous lui dicter sa réponse ?

ARTHUR.

Je prétends que vous refusiez, ou que vous vous battiez avec moi.

Air du Précepteur.

Oui , du monde tel est l'usage,
Je le dis avec vérité ;
Monsieur, refuser davantage
Ce serait une lâcheté.

COCO, retenant Narcisse, qui fait un mouvement vers Arthur, et passant entre eux.

Laisse donc ! j' crois que monsieur rêve,
Dans notre monde à nous , voici nos lois :
Lorsque nous recevons un pois,
Nous rendons toujours une fève.

Et si vous voulez vous battre , Monsieur le vicomte... Eh bien ! j'en suis... lui et moi ne

faisons qu'un ! en garde. (Il retrousse ses manches.) J' vas te faire un drôle de tremblement de terre !

ARTHUR.

C'est une nouvelle manière de refuser, si M. Narcisse ne m'offre qu'un combat de ce genre ; et entre gens d'honneur...

NARCISSE.

L'épée ou le pistolet, n'est-ce pas ?

COCO.

Pourquoi pas le canon ?.. Moi, j'aime mieux les armes de la nature , et à la place de Narcisse...

NARCISSE , repassant au milieu.

Tais toi ; c'est à moi qu'on s'adresse , je suis assez grand pour répondre. Monsieur, l'idée que nous sommes dans la maison de mon père m'a donné une patience surhumaine pour écouter de sang-froid vos injures , mais il est temps d'en finir... et quoi que vous disiez la partie sera égale des deux parts.

Air : Pour un soldat qui n'en a pas l'usage.

Quoiqu' l'ouvrier se serv' peu de l'épée,
Bien rarement ell' tremble dane sa main ,
Mon espéranc' ne sera pas trompée,
D' combattre en brav' j' suis déjà certain.
Oui , d'un pas sûr, j'irai sur le terrain.
Et vous verrez malgré son ignorance ,
Qu'en tous les temps , pour venger son honneur,
L'homme du peuple, à défaut de naissance ,
A sa noblesse inscrite au fond du cœur.

Vous voulez vous battre? eh bien ! nous nous battrons.

COCO , bas à Narcisse.

Quoi! tu l'épouses donc ?

NARCISSE , de même.

Si je refusais, il croirait que j'ai peur, il me prendrait pour un lâche, je ne veux pas passer pour un lâche.

COCO.

Bien dit !.. il épouse sa cousine... oui, monsieur, et il l'épouse plutôt deux fois qu'une.

ARTHUR.

Eh bien ! monsieur, vous acceptez donc !

NARCISSE.

Répondre que je consens à ce mariage , c'est répondre à votre cartel... Voici mon père, vous allez entendre ce que je vais lui dire...

SCÈNE XII.

Les Mêmes , LE CAPITAINE, LA COMTESSE, AMANDA; puis CATHERINE, accourant, suivie de MATHIEU, dans le fond.[*]

Air de Michel et Christine.

LE CAPITAINE.

Ciel ! mon fils ! que viens-je d'apprendre !
Il refuserait en ce jour...

CATHERINE , à part.

Laissez-moi , je veux tout entendre ;
Je crois encore à son amour.

LE CAPITAINE.

Parlez! parlez, mon fils , celle qu'on vous destine...

[*] Amanda, la Comtesse, le Capitaine, Mathieu, Catherine, Narcisse, Arthur, Coco.

ARTHUR, à Narcisse.

Prenez garde, monsieur!

NARCISSE.

      J'accepte ma cousine,
Mon père! et suis tout prêt à lui donner ma main.
(A part.)
Et maintenant, monsieur, nous nous battrons de-
                (main.

ARTHUR.

Demain, soit! j'y consens pour venger mon offense.

MATHIEU, à Catherine.

Eh bien?

CATHERINE.

Pardonnez-lui, mon Dieu! son inconstance!

NARCISSE.

Ciel! Catherine!.. ici, quand je parlais, hélas!
    Je ne la voyais pas!

CHŒUR.

LE CAPITAINE et LA COMTESSE.

Oui, je renais à l'espérance,
D'assurer ici leur bonheur,
Mon
Son fils par son obéissance,
Va combler le vœu de mon cœur.

NARCISSE et ARTHUR.

Hélas! il n'est plus d'espérance,

Il n'est plus pour moi de bonheur;
Du moins, je garde l'assurance
De venger demain mon honneur!

CATHERINE.

Hélas! il n'est plus d'espérance,
Il n'est plus, pour moi, de bonheur;
Et je le sens, son inconstance,
Pour toujours a fait mon malheur!

AMANDA.

Hélas! il n'est plus d'espérance,
Il n'est plus, pour moi, de bonheur;
Et, par sa triste obéissance,
Il cause en ce jour mon malheur!

MATHIEU.

Oui, je renais à l'espérance
D'assurer ici mon bonheur,
De mériter, par ma constance,
De voir couronner mon ardeur.

COCO.

Pour moi, je garde l'espérance,
Que l'amour fera leur bonheur;
Mais pour le moment, il ne pense
Qu'à venger demain son honneur.

FIN DU DEUXIÈME ACTE.

ACTE III.

Le théâtre représente un jardin. A droite, un pavillon; au fond, un mur avec une petite porte.

SCÈNE I.

NARCISSE, seul, sortant du pavillon.

Six heures viennent de sonner... l'on doit être au rendez-vous. Voyons.
(Il va ouvrir la petite porte du jardin, Coco entre.)

COCO.*

Présent à l'appel. Comment que ça va, ce matin?

NARCISSE.

Voici l'heure, partons.

COCO.

Oh! nous avons tout le temps. Le rendez-vous n'est qu'à deux pas d'ici, et nous sommes en avance.

NARCISSE.

Et les armes?

COCO.

C'est eux qui s'en est chargé.

NARCISSE.

Tu en es sûr.

COCO.

Parbleur... et, d'ailleurs, j'ai toujours pris nos précautions. Les amis qui nous suivent doivent en apporter.

NARCISSE.

Quels amis?..

COCO.

Tout l'atelier, quoi?

* Narcisse, Coco.

NARCISSE.

Comment, nos camarades.

COCO.

Ils sont tous là. Quand je leurs ai dit, ils ont voulu venir te voir battre.

NARCISSE.

Mais toi seul suffisais: et, d'après ce qu'on m'a dit, on se contente d'un témoin...

COCO.

On peut pas empêcher le monde de regarder. Tout ça c'est de bonne amitié, ce qu'ils en font; et, puisqu'il n'y a plus d'atelier aujourd'hui, il faut bien qu'ils flânent quelque part, autant par ici que par là.

NARCISSE.

Ce coquin de Mathieu persiste donc à ruiner M. Roblot?

COCO.

Les bossus sont entêtés comme des mulets et féroces comme des léopards. Bien sûr qu'il fera saisir aujourd'hui les immeubles et tout l' tremblement.

NARCISSE.

Oh! mon Dieu!.. un si brave homme!

COCO.

Et qui n'a pas plus de tête que dessus ma main... et encore moins de ressource.

NARCISSE.

Si je pouvais quelque chose, encore...

COCO.

Pensons d'abord à notre affaire de ce matin... nous verrons après... C'est une drôle de chose tout de même que le monde... Tu vas te battre pour épouser une femme que tu ne veux pas épouser, et t'as l'air de faire fi d'une autre que tu aimes.

NARCISSE.

Pauvre Catherine, elle était là hier, elle a tout entendu...

COCO.

Oui, elle y était et elle me fendait le cœur... Ah! tiens, ta grande société ça ne vaut pas grand chose. Chez nous, ç'aurait été une affaire terminée tout de suite, et quand l'autre serait venu te dire : je l'aime, tu lui aurais dit : eh bien! moi, je l'aime pas, j'en aime une autre; par ainsi chacun sa chacune, un verre de vin, et livrons-nous à l'amour.

NARCISSE.

Mais il a commencé par m'insulter, et je ne veux pas souffrir d'insulte; et, pourtant, cette pauvre Catherine...

COCO.

Viens nous-en, va. C'est pas le moment de s'attendrir... Tu pleureras après tant que tu voudras, tu lui demanderas pardon; mais, maintenant, à la besogne.

NARCISSE.

Oui, partons... (Ils vont pour sortir, Catherine paraît.) Ciel! Catherine!

SCÈNE II.
Les Mêmes, CATHERINE.

CATHERINE.*

Monsieur Narcisse!..

COCO, bas à Narcisse.

Ne t'arrête pas... ne lui dis rien; autrement, tout est fichu... Viens...

NARCISSE, de même.

Mais partir sans lui dire adieu!

COCO, de même.

Je vas lui parler pour nous deux... (Haut.) Bonjour, mamzelle Catherine; ça va bien, aujourd'hui?.. et vous?.. pas mal!.. merci, il n'y a pas de quoi... Nous allons faire une promenade sur les bords de la mer. (Bas à Narcisse.) Viens donc.

CATHERINE, à part.

Sortir sans me dire un seul mot!..

NARCISSE, à Coco.

Elle pleure, je crois?.. (Se dégageant et courant à Catherine.**) Vous pleurez, mamzelle?..

CATHERINE, essuyant ses larmes.

Moi, monsieur? vous vous trompez.

NARCISSE.

Oh! ne cherchez pas à me cacher votre peine... c'est à cause de ce que j'ai dit hier... mais si vous saviez...

COCO, bas à Narcisse.

Veux-tu bien te taire... Si elle apprend, elle

* Narcisse, Coco, Catherine.
** Coco, Narcisse, Catherine.

t'empêchera de sortir... elle criera, elle pleurera encore...

CATHERINE.

Ce que j'ai appris hier n'aurait pas dû m'étonner. M. Mathieu m'en avait prévenue, et cependant je refusais d'y croire.

NARCISSE.

Et vous avez raison, Catherine; car je vous aime, je vous aime toujours.

COCO, à part.

Que c'est bête, les amoureux.

CATHERINE.

Vous m'aimez, et vous consentez à en épouser une autre.

NARCISSE.

Mais permettez que je vous dise...

COCO.

Viendras-tu? on nous attend.

CATHERINE.

Oui, monsieur, allez, suivez votre ami qui veut à toute force vous emmener...

COCO.

Bon! garre les jambes! c'est sur moi que ça tombe, maintenant. Oh! n'importe, il ne faut pas qu'il parle et il faut qu'il me suive. (Haut.) Mademoiselle Catherine, il faut que j'emmène Narcisse, comme vous l'avez dit; mais dans une heure au plus vous saurez tout et vous ne l'accuserez plus, car, foi de fondeur, c'est un brave garçon qui vous aime comme Pyrame et Thisbé.

NARCISSE.

Elle a l'air d'en douter... Mademoiselle...
(Sept heures sonnent.)

COCO.

Sept heures!.. Qu'est-ce que je disais, nous sommes en retard...

NARCISSE.

En retard!.. Oh! viens, viens, partons.

ENSEMBLE.

Air : Valse de Strauss. (ARMES DE RICHELIEU.)

COCO.

C'est le signal!
Moment fatal!
Ils sont sans nous
Au rendez-vous.
Il se fait tard;
Point de retard,
Il faut sortir.
Il faut partir.

NARCISSE.	CATHERINE.
C'est le signal!	Il me fait mal!
Moment fatal!	Moment fatal!
Ils sont sans nous	Non, plus, pour nous,
Au rendez-vous.	De rendez-vous.
Il se fait tard;	A mon départ,
Point de retard,	Point de retard;
Il faut sortir,	Il faut sortir,
Il faut partir.	Il faut partir.

(Ils sortent.)

SCÈNE III.
CATHERINE, seule un moment, puis AMANDA.

CATHERINE.

Que veulent-ils dire? que se passe-t-il?.. Mon

Dieu !.. je tremble malgré moi... et pourtant il
m'a assuré qu'il m'aimait toujours... mais pourquoi alors veut-il en épouser une autre... (Apercevant Amanda.) Ah ! la voilà.

AMANDA.

Tu es seule, Catherine ; et Narcisse ?..

CATHERINE.

Il vient de sortir avec un de ses amis.

AMANDA.

Ah ! nous ne nous doutions pas hier, quand
nous nous faisions mutuellement nos confidences,
que le même homme pouvait nous désespérer
toutes deux. Mais, enfin, tu l'as vu comme je
t'en avais prié.

CATHERINE.

Oui, mademoiselle, j'ai cédé bien malgré moi
à vos désirs ; je viens de le voir.

AMANDA.

Eh bien ! que t'a-t-il dit ?

CATHERINE.

Je n'ai pu rien comprendre à son langage. Il
m'a fait des protestations d'amour.

AMANDA.

Mais alors, pourquoi veut-il m'épouser ?

CATHERINE.

Je l'ignore. Je n'y ai rien compris, vous dis-je ?
Seulement, il m'a dit que, dans une heure, il
m'expliquerait tout ; et puis, il est sorti précipi-
tamment avec son ami.

AMANDA.

Sorti... à cette heure... avec un ami...

CATHERINE.

Sauriez-vous ?..

AMANDA.

Ah ! mon Dieu, cette menace qu'Arthur a
faite hier contre Narcisse, l'aurait-il effectuée ?

CATHERINE.

Quelle menace ?

AMANDA.

Il voulait se battre avec lui.

CATHERINE.

Se battre avec lui !.. mais pourquoi ?..

AMANDA.

Ah ! c'est que tu ignores... Arthur de Cerny
c'est celui qui m'aime, que j'aime aussi, c'est celui qui ne peut m'épouser parce qu'il n'a pas de
fortune.

CATHERINE.

Grand Dieu !.. Mais si Narcisse se bat avec
lui, c'est pour vous, mademoiselle ; c'est qu'il
vous aime, c'est qu'alors il ne m'aime plus.

AMANDA.

Oh ! mon Dieu, qui nous tirera de ce doute
affreux... Comment savoir... Mon oncle !.. écoutons...

SCÈNE IV.

LES MÊMES, LE CAPITAINE, MATHIEU.

MATHIEU.

Oui, monsieur le Baron, c'est comme je vous
le dis ; ce matin ils doivent se battre.

(Mouvement des deux femmes.)

LE CAPITAINE.

Se battre !.. quoi ! mon fils, le comte de Cerny... (Arrivé à la chambre de Narcisse, il appelle.)
Narcisse ! Narcisse !.. Personne ne répond ?.. Où
est mon fils, où est-il ?..

AMANDA, s'avançant.

Mais, mon oncle, Catherine vient de le voir
sortir avec un de ses amis.

MATHIEU.

Ce mauvais drôle de Coco Laboule qui est son
témoin.

CATHERINE.

En effet, il est sorti avec lui...

MATHIEU.

Quand je vous disais...

LE CAPITAINE.

Oh ! courons, courons... Monsieur, savez-vous
le lieu du combat ?

MATHIEU.

Quant à ça, je ne vous dirai pas... mais ce ne
doit pas être loin d'ici...

LE CAPITAINE.

Cette petite porte... je n'en ai pas la clé...
Sortons par ici... venez... (En ce moment on entend un coup de pistolet, tous poussent un cri et
s'arrêtent.) Un seul... un seul coup... Y en aurait-il un de tué ?..

CATHERINE, à part.

Narcisse !..

AMANDA, à part.

Arthur !..   (La Comtesse accourt.)

ENSEMBLE.

Air : Ah! c'est nous faire outrage, que cia tros.

LE CAPITAINE.

De terreur je palpite,
Ah ! courons, courons vite ;
L'un des deux est tombé,
L'un deux a succombé.
En toi, mon Dieu, j'espère,
Protége un pauvre père,
Et fais que son enfant
Revienne triomphant.

LA COMTESSE et AMANDA.

De terreur je palpite ;
Ah ! courez, courez vite,
L'un des deux est tombé.
L'un d'eux a succombé.
Quand pour Arthur, j'espère,
Les pleurs d'un pauvre père
Redoublent mon tourment.
Oh ! quel affreux moment !

CATHERINE.

De terreur je palpite ;
Ah ! courons, courons vite.
L'un des deux est tombé.
L'un d'eux a succombé.
En toi, mon Dieu, j'espère !
Vois les pleurs de son père.
Ah ! fais que son enfant
Revienne triomphant !

MATHIEU.

D'espoir, mon cœur palpite ;
Ah ! courez, courez vite.
L'un des deux est tombé,
L'un d'eux a succombé.
Si c'est lui, je l'espère.
Tout me sera prospère.

Et de la pauvre enfant
Je serai triomphant!

LE CAPITAINE.

Ciel !.. le comte de Cerny seul !..

CATHERINE, à part, avec douleur.

Oh ! Narcisse... Narcisse ! il est mort !..

AMANDA, à part, avec ivresse.

Arthur !.. Il vit !..

SCÈNE V.

ARTHUR, LES PRÉCÉDENS.*

LE CAPITAINE.

Je sais tout, Monsieur, parlez; mon fils, mon fils...

ARTHUR.

Je pensais le trouver ici, Monsieur, et c'est sur son invitation que je me rendais chez lui.

LE CAPITAINE.

Il vit donc, il n'est pas blessé !..

ARTHUR.

Le combat s'est terminé sans effusion de sang.

CATHERINE, à part.

Je respire !

LE CAPITAINE.

Mais quelle cause si grave pouvait motiver un duel entre vous et mon fils que vous ne connaissiez pas hier ?

ARTHUR.

Dispensez-moi de vous l'apprendre, M. le Baron. Cette tâche appartient à M. votre fils qui s'est chargé de tout vous révéler, c'est une de ses conditions après le combat. J'espère seulement que vous, Monsieur le Baron, qui êtes militaire, vous comprendrez mieux que tout autre la nécessité de cette rencontre, et me pardonnerez l'inquiétude que je vous ai donnée. Monsieur votre votre fils étant absent, je vous demande la permission de me retirer.

(Il salue et sort. Au même instant, Coco Laboule entre et le regarde s'en aller.)

SCÈNE VI.

COCO, LES PRÉCÉDENS, excepté ARTHUR.

COCO, légèrement aviné, et parlant à Arthur qui s'en va.**

Va-t'en, va, je ne te parlerai plus de ma vie à toi... Ah ! après que les affaires sont finies tu refuses de prendre un verre de vin avec les amis, comme c'est l'usage... je ne t'ôterai plus ma casquette... (Il enfonce son chapeau sur sa tête; puis apercevant le Capitaine et les autres, il dégage son chapeau.) Mon Capitaine, Messieurs, Mesdames, la compagnie, j'ai bien l'honneur... Ah ! vous voilà, manzelle Catherine, c'est maintenant que nous allons causer d'amitié.

LE CAPITAINE.

Mais où est donc Narcisse ?

COCO.

Au cabaret donc, avec les amis qui ont tous

voulu assister au combat; il vuide avec eux quelques bouteilles d'un petit vin blanc qu'est joliment flambard...

LA COMTESSE.

L'horreur !..

MATHIEU.

Mais le duel? ce combat ?..

COCO.

Ah! vous voilà, père la bosse. Eh bien, ce duel, j'y étais... nous y étions tous et je peux dire que c'est le plus terrible et le plus beau que j'aie vu dans ma vie... Il est vrai que c'est le seul.

LE CAPITAINE.

Mais parlez donc, dites-nous...

COCO.

Voilà, mon Capitaine, D'abord le Vicomte avait avec lui une espèce de garçon pharmacien, car il était tout en noir, il sentait la pommade de concombe. Oh ! il était bien poli ce Monsieur; il saluait tout le monde... et le Vicomte aussi... Figurez-vous qu'il a salué Narcisse jusqu'à terre et le garçon droguiste est venu me saluer, moi ! quelle bêtise !.. Oh ! nous vllons mieux que ça, nous; et quand nous nous battons, nous saluons à coup de poings... Enfin, nous sommes arrivés sur le terrain. Là, nous avons placé nos hommes à vingt-cinq pas de distance, pouvant marcher l'un sur l'autre jusqu'à dix pas. J'ai donné à Narcisse son pistolet, je lui ai serré la main; il ne tremblait pas, je vous le jure, père la Bosse. Alors, le garçon apothicaire a ôté ses gants et a tapé trois coups dans ses petites menottes. Les jeunes gens ont avancé et je n'y ai plus vu que du feu, un coup de pistolet est parti, c'était celui du Vicomte. Heureusement, il avait fait chou blanc.

AIR : Voyage désormais qui voudra.

Pour lors Narcisse a j'té son arme
En disant qu'il ne tir'rait pas.
Le Vicomt' faisait du vacarme;
Faut croir' qu'il n'ait à sauter l'pas.
Mais, Narciss' bon apôtre
    Se tuait d'dire à l'autre:
    Patati ! patata !
      Par-ci ! par-là !
Vous comprenez c' qui d' vait s'en suivre :
    La foule a crié, c'est assez !
      Y s' sont embrassés,
      Y s' sont caressés,
    En disant : « Merci !
    Y a pas d' quoi ! mais, si !
    Tout est éclairci ! »
    L'herboriste, aussi,
      Pleurait,
      Riait,
      Criait.

C'était magnifique à voir, ma parole d'honneur !.. Aussi, de joie et d'ivresse, ils sont tous chez le marchand de vin, excepté le Vicomte et son témoin, qu'a fait la bégueule. Par ainsi, tranquillisez-vous !

    Narciss' se fait vivre;
    Y r'viendra dans ces lieux,
      Vivant, mais mort-ivre.
    Ma foi, ça vaut bien mieux !

---

* Mathieu, la Comtesse, le Capitaine, Arthur, Amanda, Catherine.
** Mathieu, la Comtesse, le Capitaine, Coco, Catherine, Amanda.

LE CAPITAINE.

Ces circonstances sont étranges... Narcisse avait donc insulté Arthur, pour ne pas tirer sur lui ? Et dites-moi, Monsieur, les motifs de ce duel?

COCO.

Les motifs ?..

TOUS.

Oui, les motifs.

NARCISSE, entrant.

Je vais vous les dire, mon père.

LE CAPITAINE.

Mon fils !..

TOUS.

Narcisse !..

NARCISSE.

Mais je ne les dirai qu'à vous seul et à Mme la Comtesse.

COCO.

Sufficit... Filons !

MATHIEU, à part.

J'aurais pourtant bien voulu savoir...

NARCISSE, bas à Coco.

Dis tout à Catherine et à ma cousine.

ENSEMBLE de M. Roger.

NARCISSE.

Oui, c'était un mystère,
Que je n'ai pu trahir ;
En parlant à mon père,
Je vais tout éclaircir.

COCO.

Je connais ce mystère,
Qu'il ne pouvait trahir ;
En parlant à son père,
Il va tout éclaircir.

LA COMTESSE, AMANDA, LE CAPITAINE, CATHERINE.

Quel est donc ce mystère,
Qu'il ne pouvait trahir.
En parlant à son père,
Il va tout éclaircir.

SCÈNE VII.

LA COMTESSE, LE CAPITAINE, NARCISSE.

NARCISSE, à part.

Du courage, il faut tout dire. Pensons à Catherine.

LE CAPITAINE.

Nous sommes seuls ; expliquez-vous, parlez. Pourquoi ce duel si prompt, avec un homme que vous ne connaissiez pas.

NARCISSE.

Mon père, M. le vicomte de Cerny, est venu à moi et m'a dit : si vous ne refusez pas votre cousine il faut vous battre avec moi, alors j'ai accepté la main de ma cousine, et je me suis battu.

LA COMTESSE.

Et vous avez eu tort, Monsieur. Le vicomte de Cerny n'a aucun droit sur la main de ma fille. C'est une mauvaise tête, bien connue par ses folies, et vous auriez dû refuser plutôt que de compromettre ainsi votre cousine par ce duel.

NARCISSE.

Madame la Comtesse, si j'eusse été un homme du monde, j'aurais peut-être trouvé le moyen d'éviter ce duel. Mais je ne suis encore qu'un ouvrier, j'ai agi comme tel, j'ai accepté franchement, comme ça se fait entre nous, lorsqu'on nous provoque. D'ailleurs, M. de Cerny m'avait insulté, M. de Cerny avait eu l'air de douter de mon courage, et croyait me faire beaucoup d'honneur en se battant avec moi, jusqu'ici enfant du peuple ; j'ai voulu lui prouver que le bon sang ne peut mentir dans quelque classe qu'il se répande.

LE CAPITAINE.

Bien, mon fils, bien... j'en aurais fait autant... ne recommence pas, au moins ?..

NARCISSE.

Non, mon père, tout est fini maintenant. Nous sommes d'accord.

LE CAPITAINE.

En effet, il me semble que ton témoin m'a parlé d'un rapprochement qui s'est opéré entre vous.

NARCISSE.

Oui, mon père, je lui ai déclaré, après avoir essuyé son feu et refusé de tirer sur lui, que je n'épouserais pas ma cousine.

LE CAPITAINE.

Qu'est-ce que vous dites ?..

LA COMTESSE.

Quoi, vous avez osé ?.. après avoir accepté publiquement sa main, vous venez dire aujourd'hui...

NARCISSE.

Oui, parce que je le puis seulement aujourd'hui. Hier, je vous l'aurais dit, j'y étais déterminé, lorsque cet homme est venu me provoquer, si j'avais refusé il aurait cru que j'avais peur, je ne veux pas moi qu'on croie que j'ai peur.

LE CAPITAINE, l'embrassant.

Très bien !.. oh ! cet enfant-là a tout mon caractère.

LA COMTESSE.

Eh quoi ! M. le Baron, vous applaudissez à son refus.

LE CAPITAINE.

Moi ?.. non certainement... mais Narcisse n'a déclaré qu'à M. de Cerny qu'il n'épouserait pas Amanda, mais à nous...

NARCISSE.

Je le déclare encore... (A part.) Voilà le grand mot lâché.

LE CAPITAINE.

Eh quoi ! tu refuserais...

LA COMTESSE.

Un pareil affront à ma fille, dans sa propre famille...

NARCISSE.

Excusez-moi, Mme la Comtesse ; ce n'est point un affront, et elle ne le prendra pas comme tel. Ma cousine est aimée de M. de Cerny et elle l'aime aussi, elle me l'a avoué.

LA COMTESSE.

Une fille élevée sous les yeux de sa mère ne doit aimer personne sans sa permission, et je n'ai permis à ma fille d'aimer que vous.

NARCISSE.

Ah ! c'est comme ça... eh bien ! moi qui jusqu'ici n'avais ni père, ni mère, et qui par conséquent étais libre d'aimer qui bon me semblait, j'ai aimé et j'aime quelqu'un ; je lui ai promis de l'épouser, et je n'aime pas votre fille.

LA COMTESSE.

Et qui vous demande de l'aimer, Monsieur ? on vous demande d'être son mari.

NARCISSE.

Le mari d'une femme qu'on n'aime pas... si c'est ainsi qu'on se marie dans le monde.

LE CAPITAINE.

Mais, Narcisse, à ton âge cet amour ne peut être sérieux, ta cousine est bonne et jolie, tu l'aimeras... ton refus ferait échouer tous mes projets...

NARCISSE.

Mais, mon père, ma cousine ne m'aime pas ; elle sera malheureuse avec moi.

LA COMTESSE.

Je prends tout sur moi.

NARCISSE.

Et vous, mon père, prenez-vous aussi sur vous le malheur de votre fils ?

(Le Capitaine fait un mouvement.)

LA COMTESSE, bas au Capitaine.

Ah ! je ne vous reconnais pas, mon frère... vous si impérieux, si entier dans vos volontés, vous vous laissez résister par un enfant qui compromet tous nos projets d'avenir et qui vous fera manquer à votre parole.

LE CAPITAINE, à part.

Elle a raison et cette violence que je contiens, je la sens prête à s'échapper... calmons-nous. (Haut.) Moi, je m'étonne qu'un fils que j'ai passé quinze ans de ma vie à chercher, après l'avoir perdu bien malgré moi, se refuse au premier désir que je lui témoigne.

NARCISSE.

Mais mon père...

LE CAPITAINE.

Qu'il y prenne garde, qu'il s'y rende... car si ce désir devient une volonté... alors... alors il faudra obéir...

NARCISSE.

Épouser ma cousine, abandonner Catherine ! jamais...

LA COMTESSE.

Oh !

LE CAPITAINE.

Jamais dis-tu ?.. jamais !.. sais-tu bien à qui tu parles, Narcisse ; sais-tu bien que ton père habitué à régner en maître toute sa vie n'a pas trouvé une seule personne qui osât résister à ses ordres quels qu'ils fussent, et on ne lui devait pourtant que l'obéissance qu'on doit à un chef, et toi tu me dois celle d'un fils à son père.

NARCISSE.

Celle d'un fils ne va pas jusqu'à sacrifier le bonheur d'un autre.

LE CAPITAINE.

Celle d'un fils va jusqu'à tout sacrifier à la volonté de son père, sans regarder plus avant ; le devoir d'un fils est d'obéir aveuglément comme celui du soldat, je commande, obéis ! ou bien...

LA COMTESSE, à part.

A la bonne heure, voilà de la fermeté.

NARCISSE.

Mon père !.. mon père !.. et vous dites que vous l'êtes ! vous qui n'avez en ce moment à la bouche que des paroles d'obéissance et de colère !.. vous dites que vous êtes heureux de m'avoir retrouvé et que vous m'avez cherché pendant quinze ans... oh ! pourquoi me faire sortir de cette carrière obscure où j'étais si tranquille... pourquoi me réveiller de ce songe où je ne connaissais ni la fortune, ni la naissance, ni le rang... pourquoi être venu me dire, pour première parole je suis ton père, et avoir ouvert mon cœur à tous les sentimens d'amour, pour me dire plus tard ; je veux ton malheur, je suis ton père, je commande, obéis !..

LE CAPITAINE.

Narcisse !..

NARCISSE.

Ah ! mieux eût valu cent fois me laisser ignorer ma naissance, mieux eût valu que je fusse mort enfant de la Pitié...

LE CAPITAINE.

Malheureux !..

NARCISSE.

Ah ! pardon, pardon, mon père ; ma tête s'égare, mon cœur se perd... c'est que voyez-vous, tout ce qui se passe est si nouveau pour moi, je souffre tant, je suis si malheureux...

Air : Pitié, Madame. (Loïsa Puget.)

En vous, j'espère,
Et je vous dis,
Pitié, mon père.
Pour votre fils !
Vous ordonnez avec rudesse,
Je vous serai toujours soumis ;
Mais j'invoquerai la tendresse,
Qu'un bon père doit à son fils.
Et quand votre bouche d'avance,
D'un ordre, brisant mon bonheur,
Me commande l'obéissance,
Moi, j'en appelle à votre cœur.
En vous, j'espère,
Et je vous dis,
Pitié, mon père,
Pour votre fils !

LE CAPITAINE, le relevant et l'embrassant.

Eh bien ! soit, mon fils !.. j'ai peut-être eu tort de te parler d'abord en maître, ton orgueil s'est révolté ; je vais te parler en père, je vais aussi parler à ton cœur. Ma sœur, laissez-nous...

LA COMTESSE.

Mais, mon frère...

LE CAPITAINE.

Laissez-nous, vous dis-je !

LA COMTESSE.

Quelle faiblesse !

SCÈNE VIII.
NARCISSE, LE CAPITAINE.

LE CAPITAINE.

Écoute, Narcisse, je vais te révéler ce que je t'aurais dit plutôt, si j'avais supposé que tu pusses refuser la main de ta cousine : Il y a quinze ans de cela, j'étais en Amérique avec mon frère ; il s'y était rendu pour réaliser toute la fortune de sa femme et la sienne, placée par suite de spéculation sur une des plus fortes banques de ce pays. La mienne était en France, comme elle y est toujours. Je devais le ramener sur mon vaisseau de guerre, car ma mission était terminée. En effet, quelques jours après, nous voguions vers notre patrie. Les vents contraires nous poussèrent vers les côtes de Hollande, et comme nous arrivions à leur hauteur, nous découvrîmes deux vaisseaux de guerre anglais qui nous donnaient la chasse, et venaient sur nous à pleines voiles. Le vent les favorisait, ils nous eurent bientôt atteint. Fuir était possible, mais je ne l'aurais pas voulu sans avoir assuré par un combat, fût-il même désespéré, l'honneur du pavillon français. Nous nous préparâmes aussitôt, et je fis faire serment à l'équipage de nous faire sauter, plutôt que de nous rendre.

NARCISSE.

Oh ! c'est bien cela, mon père.

LE CAPITAINE.

Mon frère avait toute sa fortune en lingots d'or ou en valeurs, déposés dans ma chambre. Il fut le premier à faire le serment que je sollicitais, et quoique étranger à notre arme, me seconda puissamment dans ce combat meurtrier. Il dura deux heures, mon fils ! deux heures pendant lesquelles je vis décimer mon brave équipage ; enfin, voyant qu'il n'y avait plus de défense possible et qu'on nous écrasait sans pitié, je courais à la sainte-barbe pour faire sauter le vaisseau, lorsque je rencontre mon frère qui m'entraîne d'un bras puissant vers une chaloupe qu'il avait fait préparer. Tout ce qui restait de l'équipage y était déjà, et mon frère me montra une traînée de poudre qui conduisait à la sainte-barbe et me donna une mèche enflammée. Une fois dans la chaloupe, je mis le feu aux poudres, et les anglais qui abordaient déjà pour saisir leur proie, furent couverts des débris du vaisseau, tandis que notre frêle esquif cinglait vers la terre en déployant fièrement nos trois riches couleurs.

NARCISSE.

Oh ! que ça devait être beau !

LE CAPITAINE.

Oui, mon fils, car l'honneur était sauf ; mais la fortune de mon frère était engloutie.

NARCISSE.

C'est vrai.

LE CAPITAINE.

Et pas un mot, un regret, pas de larmes,
Lui, près de moi se dressant fièrement,
Et dans mes yeux croyant voir mes alarmes,
Serra ma main, et dit en souriant :
Frère, d'où naît cette sombre tristesse,
Le pavillon échappe aux ennemis,
Heureux celui qui perd l'or, la richesse,
Pour conserver l'honneur de son pays.

NARCISSE.

Oh ! le brave homme !

LE CAPITAINE.

Mais les Anglais furieux firent un mouvement pour nous poursuivre, et nous envoyèrent plusieurs bordées. Une d'elle fut bien meurtrière ; mon frère fut atteint et tomba dans mes bras.

NARCISSE.

Grand Dieu !..

LE CAPITAINE.

Avant de mourir, il me dit d'une voix éteinte : Mon frère, j'espérais encore, mais je vais mourir. Je laisse une veuve et une fille, je les recommande à ton amitié. Mon frère, m'écriai-je, en sanglottant ; car je pleurais, Narcisse, je pleurais comme en ce moment ; j'ai un fils en France, tu le sais ; (car je pensais à toi, mon enfant) si mon fils est mort, je jure d'adopter ta fille, et de lui donner toute ma fortune pour la dédommager de celle que je t'ai fait perdre par ma faute. S'il vit, je jure de le reconnaître et de les marier, pour que ta fille devienne la mienne et partage avec mon fils. Mon frère fit un mouvement pour m'embrasser et murmura ces mots que j'entendis à peine : Je reçois ton serment, frère... puis il expira.

NARCISSE.

Oh ! mon Dieu !

LE CAPITAINE.

Et maintenant, mon fils, ce serment que j'ai fait à un mourant, dois-je le tenir ?.. Cette fortune qui a été enlevée par ma faute à mon frère, dois-je la rendre à sa fille ?

NARCISSE.

Oui, mon père, vous le devez. Mais il n'est pas besoin pour cela, que j'épouse ma cousine, donnez-lui votre fortune entière, s'il le faut, et je jure de ne rien réclamer.

LE CAPITAINE.

Mais, enfant ! une fois reconnu, proclamé pour mon fils, la loi me défendrait ce que mon cœur déjà me défend de faire.

NARCISSE.

Mais, mon père, si c'est moi, moi, qui lui donne tout !..

LE CAPITAINE.

Eh le peux-tu, enfant ? peux-tu, toi, reconnu par moi, te priver de mon héritage ; et crois-tu que j'aie passé quinze ans à te chercher, tantôt avec l'espérance, tantôt avec le désespoir au cœur, pour ne pas te nommer mon fils, pour te laisser faire, dans un fol excès d'amour, une action qui perdrait toute sa noblesse une fois que tes yeux seront dessillés... Oh ! tu maudirais ma faiblesse... Narcisse, j'ai fait serment à mon frère de remplacer la fortune de sa fille... A la mémoire de ta mère, j'ai fait celui de te donner un jour un nom... et... et tu ne voudrais pas que je devinsse parjure.

NARCISSE.

Il faut qu'il y en ait un de nous deux, pourtant; car j'ai fait un serment aussi, moi.

LE CAPITAINE.

Peux-tu parler du tien!

AIR : Te souvien-tu?

Oui, ce serment, que j'ai fait à mon frère,
En ce moment je ne puis le tenir
Qu'avec celui que je fis à ta mère;
Ces deux sermens, je dois les accomplir.
Écoute-moi, mon fils, je t'en conjure,
Sois, mon enfant, son époux; il le faut.
Gardons-nous bien de commettre un parjure,
Car tous les deux, regardent de là-haut.

NARCISSE.

Mon père!..

LE CAPITAINE.

Narcisse, tout à l'heure, je te l'ordonnais... maintenant, je t'en supplie... ne me déshonore pas!.. Vois, Narcisse, mon fils, je suis à tes genoux...   (Il tombe à genoux.)

NARCISSE, le relevant.

Mon père, mon père... vous le voulez... Je jure de tenir le serment fait à votre frère expirant, fût-ce aux dépens de mon bonheur, je le jure!..

LE CAPITAINE.

Oh! merci, merci, mon fils... mais on vient, silence devant tous.

SCÈNE IX.

LES MÊMES, UN OFFICIER DE MARINE.

L'OFFICIER.

Capitaine, M. le commandant du port vient de recevoir des ordres qui vous concernent. Il vous mande à l'instant à l'amirauté.

LE CAPITAINE.

A l'instant!.. moi!.. Savez-vous, monsieur, la nature de ces ordres?

L'OFFICIER.

Je l'ignore, capitaine; M. le Commandant m'a ordonné de vous emmener avec moi.

LE CAPITAINE, à part.

Malheureux! si c'était... dans un pareil moment... Oh! ce serait trop cruel!.. et pourtant refuser, je ne le puis... le commandement qu'on me donne est trop périlleux pour cela.

NARCISSE.

Mon Dieu! qu'est-ce donc?

LE CAPITAINE.

Rien, rien, mon fils... Un ordre auquel il faut que j'obéisse sur l'heure... Car, vois-tu mon fils, un marin ne s'appartient pas, il est à sa patrie avant d'être à sa famille, à ses amis, à son fils... Narcisse, j'ai ton serment, quoi qu'il arrive, tu le tiendras, n'est-ce pas?

NARCISSE.

Oui, mon père!

LE CAPITAINE, à l'Officier.

Monsieur, j'ai quelques ordres très pressés à donner, je ne vous demande qu'un quart-d'heure et je vous suis. Adieu, Narcisse.

NARCISSE.

Au revoir, n'est-ce pas?

LE CAPITAINE.

Oui, oui, au revoir. (Il va pour sortir et retourne vivement sur ses pas, embrasse Narcisse.) Adieu! adieu!..

SCÈNE X.

NARCISSE, seul, puis CATHERINE.

NARCISSE.

Malheureux! qu'ai-je promis à mon père... le malheur de ma vie... celui de ma cousine et celui de Catherine surtout... Cette pauvre fille, si bonne, si aimante... quand elle saura que j'ai promis de renoncer à elle, que j'ai juré à mon père d'en épouser une autre... Que va-t-elle dire, grand Dieu!

CATHERINE, sortant du pavillon.

Elle dira que vous avez fait votre devoir.

NARCISSE.

Catherine!

CATHERINE.

Oui, Catherine qui, cachée dans ce pavillon, avec votre cousine qui l'a entraînée malgré elle, a tout entendu, et qui vous remercie de cette résistance qui prouve votre honneur, et l'amour que vous aviez encore pour elle; Catherine, qui n'oubliera jamais cette marque de tendresse, et qui vous dit adieu pour toujours.

NARCISSE.

Mademoiselle...

CATHERINE.

Je le dois.

AIR : Noble dame, pensez à moi.

Obéissez à votre père,
Moi, je dois vous fuir pour jamais,
Et vous rendre ici la première,
Les sermens que vous m'avez faits.
Près d'une autre, soyez heureux,
C'est mon espoir, ce sont mes vœux,
Perdez jusqu'à mon souvenir,
Moi, loin de vous, je vais mourir.
Adieu!
Adieu!

NARCISSE.

Catherine! Catherine! ne me quittez pas... ce que j'ai promis, je n'aurai pas la force de le tenir... En vain j'ai juré à mon père... c'est vous seule que je veux pour compagne, c'est vous seule dont je veux être l'époux...

SCÈNE XI.

LES MÊMES, ARTHUR.

ARTHUR.

Il est trop tard. Votre père, enfermé avec la Comtesse et le notaire, leur a annoncé que vous consentiez.

NARCISSE.

Oh! mon Dieu! mon Dieu!.. que faire?

SCÈNE XII.

LES MÊMES, COCO LABOULE, ROBLOT,
OUVRIERS.

COCO.

Par ici, par ici... je vous dis que je connais
les êtres... Eh! tenez, le voilà.

NARCISSE.

Qu'est-ce que c'est?

COCO.

C'est M. Roblot, notre bourgeois et le tien
dans le temps jadis, et puis tout l'atelier que
je t'amène... car, tu ne sais pas, ce gredin de
Mathieu fait tout vendre chez lui pour ses vingt-
cinq mille francs. Or, comme nous n'avons pas
voulu nous vendre à lui, d'un commun accord
nous nous en sommes allés, nous avons entraîné
le bourgeois, et nous sommes venus ici où nous
étions sûr de rencontrer un bon camarade, pas
fier, et qui ayant trouvé un père et de la pièce,
en fera part au bourgeois et à nous, pour rele-
ver l'atelier qui a nourri ses jeunes ans.

NARCISSE, allant à M. Roblot.

M. Roblot! mon second père!..

ROBLOT.

M. Narcisse, si vous ne venez à mon secours,
je suis déshonoré, perdu!.. Une faillite...

NARCISSE.

Oh! je tenterai tout... mon père est bon, et
je lui dirai... mais dans ce moment...

COCO.

Dans ce moment, on vend ses meubles...

NARCISSE.

Et moi, l'on me marie malgré moi.

COCO.

Encore...

ARTHUR.

Les voici.

NARCISSE.

Déjà... oh! restez, restez tous, je vous en
supplie... Mon père, il ne pourra me résister
devant vous... Joignez-vous à moi s'il le faut...
Mes amis, mes amis, sauvez-moi, je vous sau-
verai à mon tour.

SCÈNE XIII.

LES MÊMES, LA COMTESSE, MATHIEU,
AMANDA.*

LA COMTESSE.

Que signifie? quoi, monsieur, tous ces gens-
là ici...

NARCISSE.

Ah! mon père, ne les repoussera pas... Mais
où est-il? je ne le vois pas...

LA COMTESSE, lui remettant un billet.

Voilà qui va vous apprendre le motif de son
absence.

* Roblot, Arthur, Catherine, Coco, Narcisse, Ouvriers, la Comtesse, Amanda, Mathieu.

NARCISSE.

Son absence!.. ah! je suis perdu!..

COCO.

Et nous, enfoncés!.. Mais lis donc.

NARCISSE, lisant.

« Je trouve à l'amirauté l'ordre venu par le
»télégraphe, de mettre à la voile à l'instant. Je
»ne puis plus revenir à terre, et je suis forcé de
»partir sans te voir. » Grand Dieu! mon père,
mon père!..

LA COMTESSE.

Continuez.

NARCISSE, lisant.

« J'ai signé tous les papiers pour ta recon-
»naissance et ton mariage. M. Mathieu te remet-
»tra le certificat de la maison qui constate ton
»identité. C'est ce titre seul qui peut donner de
»la valeur aux actes que j'ai faits, et te faire re-
»connaître. Adieu, mon fils, tu m'as juré de te-
»nir le serment fait à mon frère, tu ne saurais
»y manquer. Adieu, quand tu entendras les
»coups de canon du départ, je serai sur le pont
»de mon vaisseau, étendant les mains vers toi
»pour te bénir!.. » Mon père! mon père!..

MATHIEU, lui donnant un papier.

Et maintenant voici le certificat de la grande
maison qui constate que vous êtes bien l'enfant
déposé sous le numéro quatre-vingt cinq. C'est
le reçu qu'on m'a donné et qui est seul valable
en justice.

NARCISSE.

Seul valable, dites-vous... seul valable! Oui,
je comprends... c'est mon seul titre pour cons-
tater ma naissance, la seule preuve que je puisse
donner que je suis le fils du capitaine Valbrune.

MATHIEU.

Certainement!

NARCISSE.

Eh bien! cette unique preuve, je l'anéantis!
(Il déchire le papier.)

LA COMTESSE.

Que faites-vous, Monsieur? que dira votre
père?..

NARCISSE.

Mon père! paix sur lui, Madame; je n'en ai plus,
je suis l'enfant de la Pitié.

COCO.

Bravo!.. c'est un beau trait, je te rends mon
estime.

LA COMTESSE.

Malheureux! qu'avez-vous fait?..

NARCISSE.

Mon devoir, Mme la Comtesse, puisque vous
n'avez pas voulu faire le vôtre. A peine entré
dans votre famille, j'y ai apporté le trouble et la
désunion, il fallait désespérer mon père ou faire
le malheur de ma cousine et le mien; en prenant
ce moyen-là, je fais le bonheur de tous.

LA COMTESSE.

Et vous manquez au serment fait à votre
père!..

NARCISSE.

Je le tiens, au contraire, j'ai juré à mon père
d'accomplir la promesse qu'il fit à son frère,
votre mari. Mon père avait juré de donner sa
fortune à votre fille, j'étais le seul obstacle à ce

don, je n'existe plus, pour mon père, la fortune entière est à votre fille, et votre fille aime M. Arthur de Cerny; ne l'oubliez pas, Madame, non plus que vos paroles sur lui : si ma fille était riche, elle serait sa femme !

ARTHUR.

Excellent ami !

LA COMTESSE, à part.

Ces gens du peuple ont quelquefois du bon.... ça m'attendrit...   (Elle lui tend la main.)

NARCISSE.

Pardonnez-moi, Madame, de renoncer ainsi à l'alliance de votre noble famille, mais dans le peu de jours que j'ai resté dans le monde, je n'ai compris, je l'avoue ni ses exigences, ni ses devoirs, ni ses plaisirs, je ne pouvais plus y rester.

AIR : A votre ami pourquoi ne pas écrire.

Non ; entre nous la distance est trop grande,
L' beau monde et moi n' sympathisons en rien ;
Et la raison, le devoir me commande
De refuser un semblable lien.
Car je verrai le dédain me poursuivre,
J' s'rai déplacé près des grands, c'est pourquoi,
Moi qui suis fier, Madame, j'veux aller vivre,
Parmi tous ceux qui sont p'tits comme moi !

Et je retourne à celle que j'ai toujours aimée... à l'enfant de la Pitié comme moi.

CATHERINE.

Narcisse !..

NARCISSE.

Il me reste une dernière prière à vous adresser, Mme la Comtesse; M. Roblot, mon maître d'apprentissage est ruiné par ce misérable...

LA COMTESSE.

Je sais tout et je vous comprends, M. Mathieu, dans une heure vous aurez les 25,000 francs qui vous sont dus, et je prie M. Narcisse d'en accepter 25,000 autres pour s'associer à M. Roblot.

ROBLOT.

Oh ! de grand cœur !

NARCISSE.

J'accepte, Mme la Comtesse, et vous donnerai en échange un billet signé Roblot et compagnie. A l'enfant de la Pitié ; ce sera notre enseigne.

COCO, montant sur une chaise.

Rentrée triomphale du 84 et du 85 ! Retraite honteuse d'un particulier très connu, appelé Mathieu...

MATHIEU.

Qu'est-ce à dire ?..

COCO.

C'est-à-dire que tu vas tirer tes guêtres...

(Les Ouvriers chassent Mathieu. On entend un coup de canon.*)

NARCISSE.

Le signal du vaisseau !

LA COMTESSE.

C'est le départ de votre père !..

NARCISSE, tombant à genoux.

Mon père, bénissez-moi, comme vous me l'avez promis. Mon père, pardonnez-moi... ce que j'ai fait, je n'aurais jamais osé le faire devant vous; mais votre absence m'a donné du courage... Il le fallait, et votre fils, s'il est coupable envers vous mon père, du moins, aura fait le bonheur de tous... Mon père, pardonnez-moi !..

AIR. Embarquez-vous.

Voguez vers la terre étrangère,
Emportez mon amour au loin.
Et sur la tombe de sa mère,
Narcisse un jour retrouvera son père
Seul avec lui, Dieu pour témoin.
Mais jusque-là, sur cette terre,
Que tout pour nous soit oublié!
Ici bas Dieu seul est un père
Pour les enfans de la Pitié.

CHŒUR.

Abandonnés sur cette terre, etc.

(Tout le monde tombe à genoux. On entend toujours le canon qui retentit dans le lointain. Tableau.)

* Coco, Catherine, Narcisse, Roblot, Ouvriers, la Comtesse, Amanda, Arthur.

FIN.

Imprimerie de Madame De Lacombe, rue d'Enghien, 12.

www.ingramcontent.com/pod-product-compliance
Lightning Source LLC
LaVergne TN
LVHW021658170726
843501LV00007B/2640